Cord Balthasar

MARTIN SCHULZ

Die Biografie

W0060464

Bibliografische Information der Deutschen Nationalbibliothek:
Die Deutsche Nationalbibliothek verzeichnet diese Publikation in der Deutschen Nationalbibliografie; detaillierte bibliografische Daten sind im Internet über http://d-nb.de abrufbar.

Für Fragen und Anregungen:
info@rivaverlag.de

Originalausgabe
1. Auflage 2017
© 2017 by riva Verlag, ein Imprint der Münchner Verlagsgruppe GmbH
Nymphenburger Straße 86
D-80636 München
Tel.: 089 651285-0
Fax: 089 652096

Redaktion: Claudia Fregiehn
Umschlaggestaltung: Isabella Dorsch
Umschlagabbildung: Thomas Trutschel/2016 Photothek/Getty Images
Satz: inpunkt[w]o, Haiger (www.inpunktwo.de)
Druck: GGP Media GmbH, Pößneck
Printed in Germany

ISBN Print 978-3-7423-0306-6
ISBN E-Book (PDF) 978-3-95971-792-2
ISBN E-Book (EPUB, Mobi) 978-3-95971-793-9

Weitere Informationen zum Verlag finden Sie unter

www.rivaverlag.de

Beachten Sie auch unsere weiteren Verlage unter www.m-vg.de

Inhalt

Vorwort

Manchmal sind es unerwartete Sätze, mit denen eine ebenfalls unerwartete Erfolgsgeschichte beginnt. Im Falle des Kanzlerkandidaten Martin Schulz lauteten diese Worte:»Wenn ich jetzt anträte, würde ich scheitern und mit mir die SPD.« Dieser Satz wurde Ende Januar 2017 von fast allen Medien des Landes zitiert, und er markierte den Beginn der fast unglaublichen Erfolgsgeschichte des SPD-Kanzlerkandidaten Martin Schulz. Allerdings sagte nicht er selbst diesen Satz, sondern der ehemalige Parteivorsitzende Sigmar Gabriel, der zu dieser Zeit noch fast selbstverständlich als Kandidat der Sozialdemokraten für die Bundestagswahl im Herbst des Jahres galt.

Der Satz stammt aus einem Interview, das Gabriel der Zeitschrift»stern« gegeben hatte. Das Blatt ergänzte diese Aussage unter anderem mit dem Hinweis, Schulz hätte an seiner Stelle die deutlich größeren Chancen, tatsächlich gewählt zu werden. Das löste dann besagten Medienrummel aus und sorgte bei nicht wenigen für eine fragend gerunzelte Stirn. Denn so erfolgreich Schulz auch seit Jahren europäische Politik machte, so sehr war er gleichermaßen doch immer noch ein recht unbeschriebenes Blatt, wenn es um die Bundes- oder Innenpolitik ging. Doch den Aussagen Gabriels folgten bald schon tatsächliche Handlungen. Am 24. Januar nämlich traten Gabriel und Schulz gemeinsam vor die

Presse und verkündeten, dem Interview sollten konkrete Maß-nahmen folgen.[1] Zunächst ergriff Gabriel das Wort: Es werde nicht bei Gerüchten bleiben, erklärte er. Vielmehr habe das Prä-sidium der SPD gerade beschlossen, dem Parteivorstand Martin Schulz als Kanzlerkandidaten vorzuschlagen. Mehr noch: Martin Schulz solle Gabriel zudem in der Funktion des Parteivorsitzen-den beerben. Diesen Vorschlag habe Gabriel gemeinsam mit Hamburgs regierendem Bürgermeister Olaf Scholz und der nord-rhein-westfälischen Ministerpräsidentin Hannelore Kraft einge-bracht. Denn die Kanzlerkandidatur sei nur dann glaubwürdig, wenn damit zugleich eine einheitliche Parteiführung einhergehe. Rund sechs Minuten lang sprach Sigmar Gabriel über diese Vor-haben und deren Hintergründe, übergab das Wort dann schließlich an den designierten Kanzlerkandidaten Martin Schulz. Der wie-derum sagte nun, es handele sich für ihn um eine außergewöhn-liche Ehre. Schulz lobte Gabriel als einen großen Parteivorsitzen-den, der vieles geleistet habe. Zusammengefasst wurde während dieser Pressekonferenz das gesagt, was in einer solchen Situation zu erwarten ist. Nicht zu erwarten war jedoch, dass diese kaum zwanzig Minuten lange Pressekonferenz am 24. Januar der An-fang des inzwischen hinlänglich bekannten Hypes um die Person Martin Schulz sein sollte. Beziehungsweise, dass sie einen Hype nochmals verstärken sollte, der bereits zuvor eingesetzt hatte.

Denn obwohl Martin Schulz bis zu diesem Zeitpunkt bundes-und auch parteipolitisch noch gar nicht groß in Erscheinung ge-treten war, hatten ihn die Wähler bereits seit Monaten in ihr Herz geschlossen. Das mag sich rührselig anhören, ist aber letztlich die zu diesem Zeitpunkt einzig schlüssige Erklärung für die Zunei-gung zu dem Politiker Martin Schulz.

Denn der stand schon seit Monaten bei den Wählern höher im Kurs als der etablierte Sozialdemokrat Sigmar Gabriel. Genau das bestätigte etwa im Oktober 2016 eine Umfrage des Meinungsforschungsinstitutes Forsa. Könnte der Kanzler demnach direkt gewählt werden, würden sich von den Befragten 29 Prozent für den ehemaligen EU-Ratspräsidenten entscheiden. Für den in der Öffentlichkeit seinerzeit noch wesentlich präsenteren Sigmar Gabriel dagegen wollten nur 18 Prozent stimmen.[2] Die *Frankfurter Allgemeine Zeitung* schrieb deshalb, Schulz sei so etwas wie der »heimliche Held« der SPD. Mit ihm verbänden Parteimitglieder die Hoffnung, er könne die Sozialdemokraten aus dem Tal der niedrigen Umfragewerte führen.

Martin Schulz' bislang geringe Präsenz auf der bundespolitischen Bühne wurde von manchem sogar als sein Erfolgsfaktor gewertet. So zitierte die *FAZ* Forsa-Chef Manfred Güllner mit der Aussage, Schulz würde von vielen Deutschen eben immer noch als eine Art unbeschriebenes Blatt wahrgenommen. Was in diesem Zusammenhang dann aber ein Vorteil wäre: Mit anderen Politikern würden die Wähler nämlich eben auch Negatives verbinden. Der »unbeschriebene« Schulz aber habe nun die Möglichkeit, das leere Blatt mit positiven Zeilen zu füllen und so möglicherweise die verlorenen Wähler wieder zur SPD zurückholen.

Dass daran etwas Wahres sein könnte, zeigte sich in den Tagen nach der Pressekonferenz von Gabriel und Schulz im Januar 2017. Die Talkshows auf nahezu jedem Fernsehsender beschäftigten sich nämlich nun mit dem Wechsel an der SPD-Spitze. Eine dieser Talkshows war die von Maybrit Illner, in der am 26. Januar unter anderem der SPD-Fraktionsvorsitzende Thomas Oppermann zu Gast war. Und der hatte Erstaunliches mitzuteilen: In den seit der Pressekonferenz vergangenen drei Tagen seien fast

500 neue Mitglieder in die SPD eingetreten. Fast schien es inzwischen, als hätten die Wähler in Deutschland seit Jahren auf genau diesen Mann gewartet.

Bald schon wurden weitere Umfragewerte veröffentlicht, und die erschienen fast unglaublich: Die SPD war zwar immer noch dieselbe Partei, die sie seit Jahren schon war und von der sich große Teile der Wählerschaft abgewendet zu haben schienen. Doch nun entstand der Eindruck, als gehe es gar nicht mehr um die Sozialdemokratische Partei Deutschlands als solche, sondern einzig und allein um den Mann, der für sie bei der kommenden Bundestagswahl als Kandidat antreten sollte. In den ersten Tagen des Februar 2017 hatte er seiner Partei zu einem ungeahnten Höhenflug verholfen.

Und die Umfragewerte stiegen nach seiner Benennung weiter: Am 8. Februar nämlich hieß es unter Berufung auf die neuesten Forsa-Ergebnisse, die SPD habe erstmals seit dem Jahr 2012 wieder die Marke von 30 Prozent der Wählerstimmen geknackt. Mit den nun exakt 31 Prozent der Stimmen habe die SPD im Vergleich zur Vorwoche stolze fünf Prozent der potenziellen Wählerstimmen hinzugewinnen können.[3] CDU und CSU hingegen hätten im gleichen Zeitraum einen Prozentpunkt verloren und lägen nun mit 34 Prozent nur noch wenig vor den Sozialdemokraten.

Einmal mehr bestätigte die Umfrage, dass es sich am Ende vor allem um ein Duell der Kandidaten handelte. Denn während die SPD gerade einmal einen Prozentpunkt verlor, ging es für Bundeskanzlerin Merkel nun fünf Punkte bergab. Martin Schulz hingegen gewann vier Prozentpunkte hinzu, sodass beide im direkten Duell nun mit 37 Prozent gleichauf lagen. Auch zu diesem Ergebnis meldete sich wieder der Forsa-Chef zu Wort. Und zwar mit der Aussage, die Entwicklung komme allerdings immer noch nicht an die ausgesprochen intensive Wechselstimmung des Jahres 1998 heran. Seinerzeit wurde das Duell um die Kanzlerschaft zwischen Gerhard Schröder von der SPD und Helmut Kohl von der CDU ausgetragen. Kohl war damals seit 16 Jahren an der Macht und die Wähler zeigten sich seiner zunehmend überdrüssig. Doch auch wenn die Stimmung noch nicht an diese Zeit heranreichte, war eine weitere Feststellung bemerkenswert: Dass die SPD nun nämlich Zulauf von Wählern unterschiedlichster Parteien erhielt – nicht zuletzt von Menschen, die zuvor offenbar zum Teil aus Protest ihre Stimme der AfD gegeben hatten.

Zu diesem Zeitpunkt ließ sich eines zweifelsfrei sagen: Die SPD beziehungsweise ihr langjähriger Vorsitzender Sigmar Gabriel hatten mit der Kür des Martin Schulz einen echten Volltreffer gelandet. Man hatte erstmals seit sehr, sehr langer Zeit wieder einen Kandidaten in das Rennen um die Kanzlerschaft geschickt, der bei diesem Vorhaben durchaus Erfolgschancen hat.

Das aber war bald nicht nur den Genossen selber klar. Der Erfolg des Kandidaten Schulz erregte auch an anderer Stelle Aufmerksamkeit. Anders nämlich lässt es sich kaum erklären, dass nach kürzester Zeit Versuche unternommen wurden, das unbeschriebene Blatt Schulz zu beschreiben – allerdings auf eine Art, die darauf hinauslief, dass das Blatt eher beschmiert statt ordentlich beschrieben wirkte.

So berichtete der *Spiegel* im Februar 2017 über vermeintliche Unregelmäßigkeiten. Genauer gesagt hieß es in dem Artikel, Schulz habe sich persönlich dafür eingesetzt, dass ein Vertrauter »vorteilhafte Vertragskonditionen« bekommen solle. Es ging um einen Fall aus dem Jahr 2012, der Vertraute sei inzwischen sogar Wahlkampfmanager von Schulz.[4] Allerdings stieß der Bericht auf kein sonderlich großes Interesse, zudem hatten die vorgelegten Fakten oder vermuteten Versäumnisse anscheinend nicht das Zeug zu einem wirklich großen Skandal.

Denn die Menschen in Deutschland beschäftigte zu diesem Zeitpunkt und danach noch ein gänzlich anderes Thema. Bevor sie sich nämlich mit möglichen Verfehlungen des Kandidaten auseinandersetzten, wollten sie erst einmal wissen, wer dieser Mann denn nun wirklich ist. Diese Frage ist es dann auch, die in den folgenden Kapiteln dieses Buches geklärt werden soll: Wer ist der Mensch Martin Schulz, was zeichnet ihn aus, was treibt ihn an – und warum ist er für so viele Menschen ein politischer Hoffnungsträger?

Eine erste Nahaufnahme

Marin Schulz war also sehr schnell sehr beliebt bei den Deutschen. Und das, obwohl er eigentlich weder etwas angekündigt noch wirklich getan hatte. In den Tagen nach seinem ersten gemeinsamen öffentlichen Auftritt an der Seite Sigmar Gabriels schwappte ihm eine riesige Woge der Sympathie entgegen, und man hätte im Grunde abwarten können, wie sich die Sache weiter entwickelte. Allerdings nur in der Theorie. In der Praxis der Politik ist es vielmehr so, dass sich ein Kandidat bald schon den Fragen der Medienöffentlichkeit stellen und beweisen muss, ob er den Vorschusslorbeeren überhaupt gerecht werden kann. Dieser Beweis wird dann in aller Regel in Form von öffentlichkeitswirksamen Auftritten in den Medien gefordert. Nun gibt es für solche Auftritte verschiedene Modelle: Man kann den Kandidaten einen regelrechten Interview-Marathon absolvieren lassen, ihn also in verschiedenste Sendungen setzen, in denen er eine möglichst gute Figur abgeben soll. So etwas hat den Vorteil, dass man damit ein sehr großes Publikum erreicht. Der Nachteil ist, auf diese Weise die Gefahr zu erhöhen, dass dann doch mal etwas nicht wie vorgesehen funktioniert, dass der Kandidat eventuell mal eine unpassende Antwort gibt. Außerdem bedeutet eine solche Vorgehensweise natürlich ebenfalls Stress und Aufwand und kann womöglich zu ersten Abnutzungserscheinungen führen. Eine andere Möglichkeit ist, den Kandidaten nur einige wenige große Interviews mit möglichst großer Wirkung geben zu lassen.

Im Falle von Martin Schulz entschied man sich für diese zweite Möglichkeit. Denn gerade für diese Variante gibt es in Deutschland eine passende Bühne beziehungsweise einen Namen: Anne Will. Die Talkshow der namensgebenden Moderatorin kommt am Sonntagabend direkt nach dem *Tatort*, und was hier gesagt wird, das kommentieren am Montag die übrigen Medien des Landes auf breiter Front. Bei *Anne Will* diskutieren in der Regel verschiedene Personen miteinander. Nur in Ausnahmefällen beschränkt man sich auf einen einzigen Gast, der dann während der rund einstündigen Sendezeit allein im Mittelpunkt steht. Setzen die Planer auf eine solche Ein-Personen-Show, dann sitzt meist ein Gast im Studio, dem die Öffentlichkeit ein besonders großes Interesse entgegenbringt.

Ende Januar 2017 galt Martin Schulz bereits als eine solche Persönlichkeit und so widmete sich Anne Will am 29. Januar ausschließlich ihm. Das Fernsehpublikum konnte so ausführlich und intensiv erleben, wer dieser Herr Schulz wirklich ist, von dem inzwischen das ganze Land sprach.

Nun darf natürlich niemand erwarten, dass ein hochrangiger Politiker sich in diese Talkshow setzen und frei von der Leber weg erzählen würde. Für solche Anlässe gibt es ganze Stäbe von Mitarbeitern, die den Politiker auf seinen Auftritt vorbereiten, wobei sie auch beratschlagen, welche Frage wie am besten beantwortet werden sollte. Was letztlich häufig dazu führt, dass der Gast als unnatürlich wahrgenommen wird und häufig nicht mehr sehr sympathisch wirkt. Das kann vor allem dann zu einem Problem werden, wenn es sich bei dem Gast um einen Menschen wie Martin Schulz handelt, dessen großer Erfolg bei den Wählern sicher entscheidend darauf zurückzuführen ist, dass er als natürlich und authentisch wahrgenommen wird.

An jenem Abend schienen die Erwartungen an den Gast besonders hoch zu sein. Wie nicht zuletzt der intensive Applaus und das Johlen zu Beginn der Sendung zeigten. Was Moderatorin Will gleich aufgriff: Sie freue sich über den Gast – und das Publikum freue sich offensichtlich ebenso.[5]

Nach wenigen Sekunden schon war noch etwas klar: Niemand musste befürchten, Martin Schulz wäre durch ein Übermaß an Vorbereitung aus der Spur des Hoffnungsträgers geraten. Vielmehr konnte er im Grunde schon mit seiner ersten Äußerung punkten und die Sympathien für sich gewinnen.

Die Sendung lief noch keine Minute, als es um das Thema der Kanzlerkandidatur ging. Schulz sagte, er kenne da eine Journalistin, die schon vor einem Jahr gefragt habe, zwischen wem denn das nächste »Kanzlerkandidaten-Duell« stattfinden werde: Also zwischen Angela Merkel auf der einen und wem auf der anderen Seite? Die Journalistin habe gefragt, ob diese andere Person womöglich den Namen Martin Schulz trage. Der ergänzte nun, dass der Name besagter Journalistin Anne Will gewesen sei. Worauf die entgegnete, ihr Gast mache es ihr mit dieser Anmerkung schwer, denn sie habe ja eigentlich doch ein sehr kritisches Interview führen wollen.

Tatsächlich kamen in dem Gespräch durchaus kritische Themen zur Sprache, obwohl Anne Will immer auch eine gewisse Hochachtung und wohl ebenfalls eine Spur Sympathie spüren ließ. Es ging in dem Gespräch bald darum, wie der Plan der SPD entstanden war, bei der nächsten Wahl mit dem Kandidaten

Schulz anzutreten, und es ging immer wieder um die bisherige Arbeit des Kandidaten auf europäischer Ebene. Das dürfte alles durchaus interessant für das Publikum gewesen sein und sicherlich auch erhellend zu der Frage, was für eine Person dieser Martin Schulz denn eigentlich ist.

Neben allem anderen, was an diesem Abend gesagt wurde, war es aber ein Begriff, der erst nach etwa 48 Sendeminuten fiel und mit dem Martin Schulz sich von anderen Politikern abhob: Dieser Begriff lautete Empathie. Manche Wähler, führte Schulz aus, seien womöglich auf Distanz zu seiner Partei gegangen, weil sie das Gefühl hatten, dort werde von Seiten der Politik nicht mehr das empfunden, was die Menschen selbst im Land täglich empfänden. Ein glaubwürdiger Politiker aber müsse vermitteln, »die Sorge, die Furcht, die schlaflose Nacht, die Angst vor der Zukunft«[6] sei ihm nichts Fremdes, sondern etwas, das dieser Politiker selbst nachempfinden könne. Nur dann sei ein Politiker tatsächlich in der Lage, so zu handeln, dass die Menschen das bekämen, was sie bräuchten. Es reiche einfach nicht, die Probleme immer nur im Kopf zu lösen – man müsse sie als Politiker auch selber im Bauch spüren können. Ein Politiker müsse nachempfinden können, was es bedeute, wenn Menschen Angst um ihren Job oder um ihre Sicherheit hätten. Genau das käme ihm zu kurz in der Politik.

Egal, ob es sich bei diesen Aussagen um Kalkül oder wirklich eigenes Empfinden handelte: Genau mit diesen Worten brachte Schulz schließlich auf den Punkt, was die Menschen von ihm hören wollten. Und er positionierte sich selbst als eine Art Gegenentwurf zu Kanzlerin Angela Merkel, die als Regierungschefin aus der Sicht manch eines Wählers zu viel auf der Agenda hat, um die Ängste und Sorgen des Normalbürgers wirklich anhören und nachvollziehen zu können.

Es folgten noch ein paar Worte über Trump und Putin, und dann war die Sendung beendet. Was allerdings nicht das Ende des Themas Martin Schulz bei Anne Will bedeutete. Denn auf den Sonntagabend folgt der Montag, an dem sich die Medien eben der Analyse der Sendung widmen. Und diese Analysen fielen vielfach einmal mehr äußerst positiv aus. Es schien, als habe man sich noch lange nicht sattgesehen an diesem Kandidaten, und in den Kommentaren konnte man förmlich die Erleichterung darüber spüren, nach der Teflon-Kanzlerin Merkel, die alles an sich abgleiten ließ, nun einmal wieder einem Politiker zuhören zu können, der recht glaubhaft vermitteln konnte, er sei genau das, was jeder andere auch ist – nämlich ein Mensch.

»Da saß einer, der mit jedem Wort und betont aufrichtig um Vertrauen warb, aber gleichzeitig nicht vergaß, dass man auch mal einen Scherz machen muss«[7], fasste etwa *Spiegel Online* zusammen.Schulz sei an diesem Abend ein Politiker gewesen, der einerseits Ehrgeiz verströmte, der aber am Ende sogar nachdenklich zugab, er habe Angst vor einer Niederlage. Es habe von seiner Seite in dem Gespräch mit Anne Will keinen Misston oder Fehlgriff gegeben, alles sei »astrein menschlich« gewesen. Das wiederum lasse nur zwei mögliche Erklärungen zu: Entweder habe man es tatsächlich mit einem äußerst schlagfertigen Mann zu tun, oder Schulz habe doch schon lange als Kandidat festgestanden, der nur noch etwas Coaching gebraucht habe, bevor man ihn von der Leine ließ.

Die *Huffington Post* wiederum verglich den Auftritt von Schulz mit einem früheren von Angela Merkel an gleicher Stelle. »Der Unterschied zwischen der Kanzlerin und ihrem Herausforderer könnte nicht größer sein«[8], hieß es in dem Online-Magazin. Auf der einen Seite erinnere man sich an eine Kanzlerin Merkel, die ihre Hände im Schoß ineinandergelegt hätte und vage Sätze nuschelte, bei denen es vorrangig darum gegangen sei, sich nicht angreifbar zu machen. Auf der anderen Seite habe man nun diesen Schulz erlebt: »Die Beine übereinandergeschlagen, wach, pointiert, angriffslustig und humorvoll.«[9] Schulz habe während der Talkshow das Publikum auf seine Seite ziehen können, gleichzeitig habe sich in der Sendung jedoch seine größte Schwäche gezeigt: Diese Schwäche bestehe darin, dass er neben seiner Person nicht viel vorzuweisen habe – hinsichtlich seines politischen Programms sei er eher vage geblieben.

Genau das monierten andere Medien ebenfalls: »Kanzler will er werden. Aber wer erwartet hatte, bei *Anne Will* zu erfahren, wofür Martin Schulz steht, wurde enttäuscht«[10], schrieb etwa die »Zeit« zu dem Thema. In dem Zusammenhang wurde eine Äußerung von Anne Will noch einmal aufgegriffen: Es gäbe Umfragen, nach denen 65 Prozent der Menschen eigentlich gar nicht wüssten, wofür Martin Schulz eigentlich steht. Auch dieser Aussage beziehungsweise Frage sei Schulz ausgewichen. Doch wie die Medien eine solche Sendung bewerten, ist nur die eine Seite. Auf der anderen Seite stellt sich die Frage, wie Martin Schulz bei den Zuschauern und damit seinen potenziellen Wählern angekommen ist. Die Reaktionen auf die Medienberichterstattung belegen das große Interesse des Publikums an dem Politiker und den mit ihm verbundenen Inhalten: Gerade die umfangreichen Berichte auf den großen Portalen von *Spiegel* oder *Zeit Online* lösten eine ebenfalls umfangreiche Diskussion unter den Nutzern aus. Es meldeten sich jeweils mehrere Hundert Leser über die Kommentarfunktionen zu Wort. Wie heute mittlerweile üblich, waren darunter auch – gelinde gesagt – deutlich ablehnende oder boshafte Kommentare. Insgesamt jedoch liefen die Online-

Diskussionen in einem inzwischen bemerkenswert sachlichen und wohlwollenden Stil beziehungsweise Ton ab.

Einige hoben den für manch einen überraschend souveränen Auftritt des SPD-Mannes hervor, andere lobten ihn als kämpferisch und überzeugend. An mancher Stelle hieß es zwar, man wisse im Grunde trotzdem nicht, wofür die Sozialdemokratie und der Herr Schulz nun stünden. Das aber tat letztlich dem Zuspruch für Martin Schulz keinen Abbruch. Immer wieder hieß es, durch ihn könne es nach langer Zeit endlich mal wieder eine spannende Wahl geben, deren Ausgang nicht von vornherein klar ist. Und das ist doch schon mal ein erster Erfolg für einen Mann, der letztlich ebenso viele CDU- wie SPD-Gene in seinem Blut hat.

Durch die CDU-Mutter zur väterlichen SPD

Geht es um Martin Schulz, dann kommt immer wieder ein Begriff, beziehungsweise der Name einer Kleinstadt ins Spiel: Würselen. In wohl kaum einem Bericht über den Politiker fehlt die Nennung des nordrhein-westfälischen Ortes Würselen. Hier sei der SPD-Mann geboren worden, hier sei er in einfachen Verhältnissen aufgewachsen, hier sei er bis heute tief verwurzelt. Doch all diese Beschreibungen zeichnen im Grunde ein falsches Bild. Denn wer an das Leben in einer Kleinstadt und eine Herkunft aus einfachen Verhältnissen denkt, der wird sich damit kaum ein Bild von der Familie machen können, in die Martin Schulz am Dienstag, dem 20. Dezember 1955 hineingeboren wurde.

In Wirklichkeit wurde Martin Schulz auch nicht in dem unzählige Male erwähnten Würselen geboren, sondern sieben Kilometer Luftlinie entfernt in dem noch einmal deutlich kleineren Hehlrath, einem nordwestlichen Stadtteil von Eschweiler im Kreis Aachen. Was jedoch nichts daran ändert, dass es sich bei dem Geburtsort um einen der grundsätzlich europäischsten Flecken Deutschlands handelt. Die Region liegt nämlich im sogenannten Dreiländereck in Nordrhein-Westfalen und damit in direkter Nachbarschaft zu den Grenzen der Niederlande und zu Belgien.

Der Junge, der im Dezember 1955 seine ersten Atemzüge tat, war das jüngste von insgesamt fünf Geschwistern – und in gewissem Maße ein Nachzügler. Sein ältester Bruder wurde noch während des Zweiten Weltkrieges 1944 geboren, der zweite Bruder folgte 1947. Danach scheint es fast, als ob eine Art Quotenregelung im Hause Schulz in Kraft getreten wäre: Nach den beiden Jungen folgten nun zwei Mädchen – das erste kam 1949 zur Welt, die zweite Schwester folgte 1951. Danach geschah in Sachen Nachwuchs vier Jahre lang nichts, bis dann eben vier Tage vor Weihnachten im Jahr 1955 der dritte Sohn Martin geboren wurde.

Wie schon erwähnt, wird im Zusammenhang mit der Familie Schulz immer wieder von einfachen Verhältnissen gesprochen. Was vordergründig stimmt: War doch die Mutter, wie seinerzeit üblich, Hausfrau, die sich vorrangig um die Erziehung der Kinder kümmert. Der Vater wiederum war für die Ernährung der Familie zuständig und ging täglich seiner Arbeit als Polizist nach.

Doch das ist eben nur die halbe Wahrheit, denn letztlich unterschied sich das Elternhaus des Martin Schulz in wesentlichen Punkten von dem, was gemeinhin mit besagten einfachen Verhältnissen verbunden wird. Was darunter zu verstehen ist, das beschrieb Martin Schulz' ältere Schwester Doris im Februar 2017 in einem Interview: Die Familie sei nämlich immer sehr politisch gewesen.[11] Schon der Großvater habe als Zentrumspolitiker im Rat der Stadt Würselen gesessen. Die Zentrumspartei galt bis zum Ende der Weimarer Republik im Jahr 1933 als politische Vertretung des katholischen Deutschland. Die Mutter der Schulz-Kinder, so die Schwester, sei zwar vom katholischen Flügel der CDU gekommen, aber sicher keine »stockkatholische Konservative« gewesen.

Ohnehin war die Familie politisch nicht immer einer Meinung: Der Familienvater nämlich stand auf der anderen Seite der politischen Landkarte und war überzeugter Sozialdemokrat. Was dann insgesamt nach Aussagen der Schulz-Schwester zu ständigen politischen Diskussionen im Elternhaus geführt habe.

Dieser Situation räumt auch die Biografin Margaretha Kopeinig in ihrem im Oktober 2016 erschienenen Buch breiten Raum ein – denn gerade die innerfamiliären Diskussionen haben den politischen Werdegang des Martin Schulz letztendlich maßgeblich beeinflusst.[12]

Kopeinig schreibt, der Vater Albert Schulz sei als elftes Kind einer Bergarbeiterfamilie geboren worden, und zwar als Sohn eines der Mitbegründer des SPD-Ortsvereins Elversberg. Es gibt also auf väterlicher Seite eine lange sozialdemokratische Tradition. Die Mutter Clara Schulz war auch nicht die einzige, die der CDU nahestand – auch in ihrer Familie reichte die christdemokratische Prägung weit zurück: Einer ihrer Vorfahren wäre ein christdemokratischer Bürgermeister der Stadt Aachen gewesen. So sei sie in »einem Milieu mit hohem politischen und sozialen Bewusstsein«[13] herangewachsen und später habe sie sich dann zum rheinischen Katholizismus bekannt. Auch zählte Clara Schulz zu den Mitbegründern des CDU-Ortsvereins in ihrem Heimatort. Der Zweite Weltkrieg schließlich habe die politisch so unterschiedlichen Elternteile zusammengeführt. Was allerdings keine Annäherung der politischen Einstellungen von Mutter und Vater zur Folge hatte – das Gegenteil sei der Fall gewesen.

Gerade die Mutter habe sich immer ausgesprochen stark für Politik interessiert, habe alle politischen Entwicklungen und Vorgänge genau verfolgt. Sie habe die Zeitungen von vorne bis hinten genau studiert und zu jeder Zeit Nachrichten gehört, wie es

Biografin Kopeinig formuliert. Auch habe sie keine Bundestags-debatte versäumt und immer die Geschehnisse in der Welt kom-mentiert.

Der Vater wiederum habe zwar weiter seine sozialdemokra-tischen Überzeugungen gepflegt, nur habe er sie weniger vehement vertreten als die Mutter. Kam es im Hause zu Debatten, habe Albert Schulz sich zurückgehalten und nicht eingegriffen. Was zum Teil auf seine berufliche Tätigkeit zurückzuführen sei: Als Polizeibe-amter habe der Vater immer wieder in den Nächten Dienst gehabt, sei dann müde und ohne große Lust auf Einmischung oder Diskus-sion nach Hause zurückgekehrt. Stattdessen habe er sich immer wieder einmal zurückgezogen und sich in das Geigenspiel vertieft.

Letztlich führte diese häusliche Situation zu einer Politisierung der Kinder. Allerdings nicht in einer Form, die im Sinne der Mutter war: die älteren Kinder wurden bald das, was man Achtundsechzi-ger nannte. Sie begehrten gegen die umtriebige Mutter auf, die sich mit ihrer Meinung und politischen Einstellung selten zurückhielt.

Die 68er-Bewegung, die sich in den USA seit Mitte der Sech-zigerjahre gegen den Vietnamkrieg und Rassismus stark machte, fand auch in Deutschland bald viele Anhänger. Hierzulande pro-testierte man zusätzlich gegen eine verkrustete Moral in der kon-servativen deutschen Nachkriegsgesellschaft. Bei der Jugend herrschte Aufbruchsstimmung – und griff auch in der Familie Schulz um sich. Denn dort wurde nicht nur am Esstisch regelmä-ßig über Politik diskutiert. In einem Interview erzählte seine älte-re Schwester Doris, dass sich die Mutter in diesen Diskussionen durchaus argumentationsstark gegen Ihre vier Kinder behaupten konnte.[14] Die Kinder seien sich immer einig gewesen – gegen die Mutter. »Aber meine Eltern ließen Diskussionen zu, was unserer Streitkultur sehr gutgetan hat.«[15]

Gegen die Mutter – das ist im Grunde die wesentliche Richtung, in die die politische Entwicklung der Kinder im Hause Schulz ging. Dort war zu erleben, was letztlich zahllose Eltern auf der Welt immer wieder erleben: Erst geben sie sich alle Mühe, dem Nachwuchs ihre persönlichen Ideale zu vermitteln und für das weitere Leben mit auf den Weg zu geben, irgendwann später müssen sie jedoch feststellen, dass sich der Nachwuchs in eine ganz andere, wenn nicht sogar in die entgegengesetzte Richtung entwickelt.

Martin Schulz und seine Geschwister lernen von ihrer Mutter viele Werte und übernehmen einige für sich selbst. Sie lernen den Wert der Gerechtigkeit schätzen und verinnerlichen den Wunsch nach einem friedlichen Miteinander. Gleichzeitig sind sie jedoch weit davon entfernt, in ihrer so politisch geprägten Familie die Mutter zu ihrem politischen Vorbild zu küren.

Somit teilt die Mutter eben das Schicksal vieler Eltern. Dass sie zu allem und jedem eine Meinung hat, diese immer wieder auch deutlich kundtut, wird von den Kindern nicht geschätzt, sondern eher als anstrengend, wenn nicht als nervig empfunden. Biografin Kopeinig zitiert Martin Schulz hierzu: »Die Logik dieser Geschichte ist, dass wir alle bei den Sozialdemokraten gelandet sind. Ich behaupte, wir sind wegen meiner Mutter alle in der SPD.«[16] Denn nicht nur er landete schließlich in dieser Partei, sondern auch alle seine Geschwister.

Der kleine Martin war zwar das jüngste Kind, aber er brachte schon früh immer auch seine Meinung an. Schwester Doris erinnert sich: »Er ist ja der Jüngste und ist von uns Älteren sehr verwöhnt worden. Aber er war schon als Kleiner rhetorisch sehr begabt.«[17] Martin sei zwar sechs Jahre jünger als sie selbst, beide wären dann aber fast zeitgleich in die SPD eingetreten – außerdem war die Schwester im Rat der Stadt, als Martin Bürgermeister von Würselen wurde. Dass es zwischen den beiden dennoch Meinungsverschiedenheiten gab, war nie ein Problem. Denn das Diskutieren kannten sie bereits aus dem Elternhaus und von der Mutter hatten sie gelernt: »Immer respektvoll miteinander umzugehen, auch andere Meinungen zu respektieren.«[18] Der politische Mitbewerber sei für beide nie der böse Feind gewesen. Mit einer Ausnahme: Echte Rechtsaußen, das sei für sie wie auch für Martin Schulz etwas gewesen, das gar nicht ging.

Die politische Prägung der Kinder war schon früh sehr weitreichend. Bereits als Siebenjähriger soll der junge Martin Schulz die Namen der wichtigen Politiker gekannt haben, und zwar nicht nur von deutschen, sondern von Politikern aus aller Welt. Dabei habe es ihm eine Person besonders angetan: Der amerikanische Präsident John F. Kennedy. Der war am 20. Januar 1960 in sein Amt eingeführt worden, die Ereignisse während seiner Präsidentschaft sollten die Welt für eine lange Zeit beeinflussen. So fällt in die Zeit der Präsidentschaft Kennedys der Bau der Mauer in Berlin im Jahr 1961 ebenso wie die Kubakrise 1962. Mit dem Namen John F. Kennedy verbunden ist auch sein Besuch in Deutschland vom 23. bis 27. Juni 1963 – unvergessen ist der Satz »Ich bin ein Berliner«. Gerade für junge Menschen galt Kennedy zu seiner Zeit als ein Held und eine Art Lichtgestalt – Martin Schulz war da keine Ausnahme.

Daher kann er sich bis heute an den 22. November des Jahres 1963 erinnern. Damals lag der Deutschlandbesuch des Präsidenten gerade ein halbes Jahr zurück, und Martin Schulz würde in einem guten Monat seinen achten Geburtstag feiern. In seinem Kinderzimmer soll Schulz an jenem Tag von seiner älteren Schwester das fast Undenkbare erfahren haben: Kennedy war in Dallas angeschossen worden, wie es zunächst noch hieß – denn anfangs ahnte niemand, dass die Schüsse auf ihn tödlich waren. Schulz verfolgte die weitere Entwicklung der Ereignisse gemeinsam mit seiner Mutter vor dem Fernsehgerät.

Der Tod eines Helden aus Kindertagen ist immer ein bewegendes Ereignis – besonders natürlich, wenn dieser Held stirbt, während sein Anhänger selber noch ein Kind ist.

Doch John F. Kennedy war nicht die einzige politische Gestalt, zu der Martin Schulz aufblickte. Wenn auch manchmal, ohne zu wissen, warum eigentlich. So gehört zu der überlieferten Folklore aus dem frühen Leben des Martin Schulz die Anekdote, dieser habe häufig vor dem Radio gehockt und sich Reden des französischen Präsidenten Charles de Gaulle oder des sowjetischen Ministerpräsidenten Nikita Chruschtschow angehört. Zwar konnte er damals weder Französisch noch Russisch, sodass er nicht verstand, was diese Männer da eigentlich redeten. Trotzdem vermochte er beide anschließend sehr gut nachzuahmen.[19]

Dann aber gab es noch eine weitere Person, die für das spätere Leben des Martin Schulz entscheidend sein sollte, und deren Sprache er außerdem sehr gut verstehen konnte: Willy Brandt, der 1969 zum vierten Bundeskanzler der Bundesrepublik Deutschland gewählt wurde. Seine Amtszeit ist im Grunde geprägt von zwei Themen: Das eine ist »mehr Demokratie wagen«, das andere ist eine neue Ostpolitik, mit der die harten Fronten im Kalten Krieg aufgeweicht und die deutsch-deutsche Trennung durch die Berliner Mauer abgemildert werden sollte. Gerade die neue Ostpolitik spiegelt sich 1970 in einem symbolischen Akt wider: Am 7. Dezember jenes Jahres wurde der Warschauer Vertrag zwischen Polen und der Bundesrepublik Deutschland unterzeichnet. Außerdem legte Willy Brandt in Warschau an diesem Tag am Ehrenmal der Toten des Warschauer Ghettos einen Kranz nieder, und kniete für viele völlig überraschend in einer Demutsgeste nieder. Diese Geste erregte in aller Welt Aufmerksamkeit, stieß allerdings ausgerechnet in Deutschland nicht auf ungeteilte Zustimmung. Letztlich aber wurde der Kniefall von Warschau zu einem Symbol für Willy Brandts Ostpolitik, für die ihm im Jahr 1971 der Friedensnobelpreis verliehen wurde.

Für Martin Schulz wurde Willy Brandt schließlich zu einem ersten wirklichen politischen Vorbild. Dazu hatte jedoch nicht nur der Kniefall beigetragen, sondern auch ein Ereignis aus dem Jahr 1972. Im April versuchte die Opposition durch ein konstruktives Misstrauensvotum Brandt seines Amtes zu entheben. Hintergrund war, dass gerade die CDU/CSU nicht sonderlich viel für Brandts Ostpolitik übrig hatte, außerdem waren mehrere Politiker von SPD und FDP zu den Christdemokraten übergewechselt oder übergelaufen, sodass die CDU/CSU-Fraktion nun rechnerisch eine Mehrheit hatte. Dadurch räumte man dem Vorhaben durchaus Erfolgschancen ein. Die Abstimmung über den Antrag wurde daher am 27. April 1972 im ganzen Land mit immenser Spannung verfolgt – nicht zuletzt an der Schule, die Martin Schulz besuchte. Dort wurden die Ereignisse im Fernsehen übertragen und man erlebte mit, wie letztlich gerade einmal zwei Stimmen fehlten, um das Misstrauensvotum durchzusetzen. Willy Brandt war also gerettet, allerdings nur vorerst.

Da nämlich die sozialliberale Koalition danach keine Mehrheit mehr hatte, die wirkliches Handeln ermöglichte, wurden für den November 1972 vorgezogene Neuwahlen angesetzt. Es war die erste vorgezogene Neuwahl in der Geschichte der Bundesrepublik Deutschland und der erste Wahlkampf, an dem der junge Martin Schulz sich beteiligte.

Entscheidend ist,
auf'm Platz zu sein

Bis zu diesem Punkt mag es erscheinen, als hätte sich das Leben des jungen Martin Schulz vor allem um das Thema Politik gedreht. Was jedoch ein Irrtum ist. Natürlich lassen sich Biografien durch die Auswahl gewisser Fakten manipulieren – manchmal gewollt, manchmal ungewollt. Daher ist es ein Leichtes, Martin Schulz als Kind und Jugendlichen zu einem fast fanatischen heranwachsenden Politiker zu stilisieren. Aber damit würde man einen großen Teil der Geschichte dieses Mannes außer Acht lassen. Zwar mögen manche Aspekte dieser anderen Seite vergleichsweise belanglos klingen, letztlich aber sind sie ebenso wichtige Puzzlestücke der Persönlichkeit wie die politische Seite.

Im Grunde begann alles damit, dass Familie Schulz eine Weile nach der Geburt des jüngsten Sohnes von Hehlrath nach Würselen umzog. Stand das Elternhaus in Hehlrath noch in Wurfweite zu einem Braunkohle-Tagebau, befand sich in direkter Nachbarschaft zu dem zweistöckigen Haus in Würselen der Sportplatz des SV Rhenania Würselen 05. Dieser Name zeigt schon deutlich, dass es sich hier um einen Traditionsverein handelte. Die 05 weist auf das Jahr der Vereinsgründung hin – 1905. Als größter Erfolg in der langen Geschichte des Fußballclubs gilt allerdings ein Ereignis aus dem Jahr 1947. Damals erreichte die Rhenania nach zwei Entscheidungsspielen den Aufstieg in die Oberliga West, musste jedoch schon zum Ende der Saison 1949/50 wieder in die zweite Liga absteigen. Bis heute weiß fast jeder ältere Würselener, dass in der siegreichen Mannschaft des Jahres 1947 ein gewisser Josef »Jupp« Derwall mitspielte, der später einmal Trainer der deutschen Nationalmannschaft werden sollte.

Fußball war also in Würselen ein recht großes Thema und auch Martin Schulz wurde früh vom Fußballvirus infiziert. Die Folge: Schon als kleiner Junge war er abseits des Schulunterrichtes vor allem auf dem Fußballplatz zu finden, wo er hinter einem Ball herrannte. Später sollte er es mit der Rhenania-Jugendmannschaft sogar bis zum westdeutschen Vizemeister bringen. Doch auch das ist wieder nur ein Ausschnitt aus der Realität. Zu dieser Realität aber gehört zudem, dass es zu jener Zeit gar nicht selbstverständlich war, als Kind einen echten Fußball kicken zu können. Vielmehr sollen die Jungen in Würselen sich manchmal Behelfsbälle aus Klopapier und Klebestreifen haben basteln müssen.[20] Die Geschichte des Martin Schulz enthält noch eine ganze Reihe weiterer Anekdoten, wie sie fast jeder Mensch aus seiner Kindheit und Jugend berichten kann. Etwa wie man sich im Kino Zugang zu nicht jugendfreien Filmen verschaffte, indem ein Kind den Karten-Abreißer ablenkte, während die andern in den Vorführraum sprinteten. Hinzu kommen Geschichten über heimlich gerauchte Zigaretten im Schatten einer Fabrik, oder über die Kirmes, auf der es immer etwas zu erleben gibt. Für Martin Schulz allerdings war die jährliche Kirmes nicht nur ein Ort, an dem er sich als Jugendlicher amüsierte. Auf der Kirmes traf er auch andere Menschen, mit denen er über Politik diskutieren konnte.

Also doch wieder die Politik. Doch auch wenn der Begriff schon in den Kinderjahren des späteren SPD-Politikers immer wieder präsent ist, darf das nicht so interpretiert werden, dass Martin Schulz schon früh ein verkopftes Kind gewesen wäre. Das lässt sich mitnichten behaupten. Vielmehr stand über lange Jahre der Fußball im Vordergrund, den der junge Martin mit viel Engagement spielte. Auf dem Platz sei er zwar kein guter Techniker gewesen, dafür aber vorbildlich im Einsatz, erinnerte sich einmal ein einstiger Mitspieler an die Fußballjahre.[21] Martin sei beim Fußballspiel immer sehr ehrgeizig gewesen, griff dabei auch schon mal zum Foul – was ihm dann später aber wieder leidgetan hätte. Der Ehrgeiz des Fußballers Martin Schulz ging so weit, dass der bald von einer Profikarriere träumte. Wobei es wohl so war, dass es ein Traum war, wie ihn viele junge Männer träumen, ohne ihn wirklich für realisierbar zu halten. Im Jahr 2012 sprach Schulz einmal ausführlicher in einem Interview über seine Zeit als jugendlicher Fußballer. Damals sagte er: »Ich war 1972 mit der B-Jugend von Rhenania Würselen westdeutscher Vize-Meister. Das war ein Riesenerfolg – aber für Profifußball hätte es bei mir nie gereicht.«[22] Es habe sich eben um einen Traum gehandelt, in der Realität aber sei er auf dem Platz nie so gut gewesen, als dass es für eine Fußballkarriere als Profi ausgereicht hätte. Er war halt einfach einer jener Jungen, für die die Fußballzeitschrift »Kicker« so etwas wie eine Bibel war, und die einen Nationalspieler wie Wolfgang Overath fast gottgleich verehrten.

Bei all dem gab es letztlich jedoch ein Problem: Schulz war politisch interessiert und trat schon früh in entsprechenden Diskussionen als Wortführer auf. Auf der anderen Seite war er ein äußerst aktiver Fußballer. Was dann drittens zu einer weiteren Frage zur Person Martin Schulz führt: Ob er solchen Ehrgeiz und solches Talent auch an dem Ort an den Tag legte, an dem Kinder und Jugendliche viel Zeit verbringen – nämlich in der Schule?

Bevor diese Frage in den Mittelpunkt gestellt wird, noch ein paar Worte zu einem anderen Teil der Entwicklung des Martin Schulz: nämlich die Entwicklung des Wahlkämpfers und vehementen Vertreters seiner Partei. Der Gewinn der Vize-Meisterschaft im Fußball war nämlich 1972 nicht das einzige große Ereignis für den jungen Mann aus Würselen. Denn es war auch das Jahr des Misstrauensvotums gegen Bundeskanzler Willy Brandt und in der Folge dann das Jahr mit der vorgezogenen Bundestagswahl. So eine Bundestagswahl war auch damals mit einem intensiven Wahlkampf verbunden – auf bundes- und auch lokalpolitischer Ebene.

Martin Schulz war in jenem Jahr gerade siebzehn Jahre alt und damit weder volljährig noch wahlberechtigt. Was ihn jedoch nicht daran hinderte, sich im Wahlkampf für sein Idol Willy Brandt stark zu machen. Wie Biografin Margaretha Kopeinig berichtet, schloss sich Schulz zu dieser Zeit einer »Wählerinitiative Willy« an.[23] Das ist die »Sozialdemokratische Wählerinitiative SWI«, die im Jahr 1968 gegründet worden war. Es handelte sich um einen Zusammenschluss von Intellektuellen, denen es zunächst darum ging, Willy Brandt während der Bundestagswahl 1969 zu unterstützen. Der Gruppe schlossen sich Hochschullehrer, Journalisten, Künstler, Schauspieler und auch Schriftsteller an – allen voran Günter Grass.

Das vorrangige Ziel des SWI bestand darin, die damalige christdemokratische Regierung unter dem Kanzler Kurt Georg Kiesinger abzulösen und stattdessen auf eine sozialliberale Koalition aus SPD und FDP hinzuwirken. Das Wahlergebnis des Jahres 1969 war aus der Sicht des SWI ein Erfolg. Da es für sie vorerst nichts weiter zu tun gab, löste sich die Wählerinitiative auf Bundesebene auf.

Nach dem Scheitern des konstruktiven Misstrauensvotums im Jahr 1972 aber wurde die SWI wieder aktiv. Zu ihren Vordenkern und Vorrednern zählte nun neben Günter Grass und Siegfried Lenz mit Heinrich Böll ein weiterer prominenter Schriftsteller. Die Aktivitäten waren außerdem noch mehr als bei der Wahl des 1969 deutlich auf Willy Brandt ausgerichtet – der Slogan »Willy wählen« wurde bald schon bundesweit bekannt. Die Popularität des SWI wuchs derart rasant, dass sich bald schon rund 350 Ortsgruppen bildeten, die die Ziele der Wählerinitiative unterstützten – wie eben auch die Gruppe, in der nun der junge Martin Schulz für einen Wahlsieg seines politischen Idols eintrat.

Mit Erfolg: Der Urnengang am 19. November 1972 war nicht nur die erste vorgezogene Bundestagswahl der Geschichte der Republik, sie endete gleichsam mit dem bis dato größte Erfolg der SPD. Die Wahlbeteiligung von 91,1 Prozent war außerdem die höchste, die jemals bei einer Bundestagswahl verzeichnet wurde. Die SPD konnte nun erstmals mit 45,8 Prozent der abgegebenen Stimmen die stärkste Bundestagsfraktion bilden, dies war vorher immer nur der Unionsfraktion aus CDU und CSU gelungen.

Damit war Willy Brandt endgültig zur Lichtgestalt für Martin Schulz aufgestiegen. Der Satz Brandts, man wolle mehr Demokratie wagen, wird zum Programm jener Zeit und setzt sich in den Köpfen vieler junger politisch interessierter Menschen dauerhaft fest. Die Maxime sollte nicht zuletzt die Person Martin Schulz prägen und sein Handeln bis heute beeinflussen.

Niemand allerdings konnte 1972 auch nur ahnen, dass dieser Martin Schulz 45 Jahre später im Januar 2017 seine Antrittsre-

de als Kanzlerkandidat der Sozialdemokraten an einem Ort halten würde, an dem sich der Kreis dann quasi schließt: Im Willy-
Brandt-Haus in Berlin, seit 1996 Sitz der SPD.

Ende nicht gut, nichts gut

Doch das Leben des Martin Schulz wäre ein anderes, wenn zwischen 1972 und 2017 alles nach einem klaren Plan und ohne Hindernisse oder Brüche verlaufen wäre. Nach Plan oder Wunsch verläuft dieses Leben keinesfalls. Martin Schulz ist schon früh politisch interessiert und aktiv. Auf der anderen Seite aber ist da ein oft vernachlässigter Umstand, der ihn in ganz anderer Weise prägt. Er ist nun einmal das jüngste von fünf Geschwistern und wächst mit ihnen gemeinsam in derselben Kleinstadt auf. Was immer wieder dazu führt, dass er an eben diesen erfolgreichen Geschwistern gemessen wird. »Martin steht die Welt offen, aber wo er auch hinkommt, seine Geschwister waren schon da«, fasste die *Tageszeitung* diese Thematik einmal zusammen.[24] Es ist nur natürlich, wenn Eltern die Entwicklung ihrer Kinder untereinander vergleichen. Doch Martin Schulz wurde auch von anderer Seite immer wieder mit der Geschichte seiner Geschwister konfrontiert. Etwa an der Schule, wo er auf Lehrer stieß, die zuvor bereits seine Brüder und Schwestern unterrichtet hatten.

Ist von Schule die Rede, dann ist vor allem das Heilig-Geist-Gymnasium im Würselener Stadtteil Broich gemeint. Es ist eine private und katholische Schule der »Missionsgesellschaft vom

Heiligen Geist unter dem Schutz des Unbefleckten Herzens Ma-
riens«, kurz Spiritaner genannt. Dieser Männerorden wurde im
Jahr 1703 gegründet, widmete sich zunächst der Seelsorge unter
Pflanzern und Sklaven in den französischen Kolonien auf dem
afrikanischen Kontinent. In der Heimat sollte sich die Gemein-
schaft außerdem um die Armen kümmern und sich für die Erziehung junger Menschen einsetzen. Heute sind die Spiritaner in 61
Staaten auf allen fünf Kontinenten aktiv. Es erfordert wenig Fan-
tasie, die Wahl dieser Schule auf eine Initiative der katholischen
und christdemokratischen Mutter Clara Schulz zurückzuführen.

Martin Schulz allerdings folgte dieser Initiative nicht mit
großer Begeisterung. Er sei, wie er sich einmal erinnerte, vielmehr »ein Sausack in der Schule« gewesen.[25] Wofür es sicher
viele Gründe gibt, unter anderem besagten Vergleich mit seinen
Geschwistern. Gut acht Jahre, von 1966 bis 1974, sollte er das
Gymnasium besuchen und er war schon in dieser Zeit beileibe
kein Jugendlicher, der sich nur für bildungsferne Themen wie
Fußball interessierte, oder sich ausschließlich politisch betätig-
te. Er interessierte sich schon früh auch für Themen, die für junge
Gymnasiasten typisch sind: Literatur etwa. Schulz las viel, und
machte bald schon unter den vielen verschiedenen Autoren seine ganz persönlichen Favoriten aus. Zu denen zählt an vorderster
Stelle John Steinbeck, einer der erfolgreichsten amerikanischen
Autoren des zwanzigsten Jahrhunderts. Zu seinen bekanntesten Werken gehört der 1939 erschienene Roman »Früchte des
Zorns«, der die Geschichte hochverschuldeter Farmer erzählt, die
ihre Heimat in Oklahoma und Arkansas verlassen, um in Kalifor-
nien ihr Glück zu versuchen. Für dieses Werk wurde Steinbeck
im Jahr 1940 mit dem renommierten Pulitzer-Preis ausgezeichnet; 1962 erhielt Steinbeck außerdem den Literaturnobelpreis.

Für Martin Schulz wurde der 1902 geborene und 1968 verstorbene Autor zu einer Person, die sein Leben beeinflussen sollte. Schon als Jugendlicher las er Steinbecks Roman »Früchte des Zorns«, der ihn nicht zuletzt wegen seiner sozialkritischen Ebene beeindruckte. Heute gibt Schulz ein weiteres Werk Steinbecks als sein Lieblingsbuch an: *Jenseits von Eden*, eine Familiensaga, die den Zeitraum von Mitte des neunzehnten Jahrhunderts bis zum Ende des Ersten Weltkrieges umfasst. Berühmt wurde nicht nur der Roman an sich, sondern besonders dessen Verfilmung aus dem Jahr 1955 mit James Dean in der Hauptrolle.

John Steinbeck als prägender Einfluss – das hört sich im Zusammenhang mit Martin Schulz dann doch wie eine typische Geschichte aus dem Bildungsbürgertum an. Doch der gebildete Bürger Schulz hatte es nicht so mit dem üblichen Teil jugendlicher Bildung. Seine Schulkarriere mündete nicht in von den Eltern erwarteten Ergebnissen. Er lässt die Schule vielmehr schleifen, was ihm nicht überraschend immer wieder schlechte Noten einbrachte.

Doch in diesem Teil der Schulkarriere des Martin Schulz spielen nicht zuletzt Lehrer eine Rolle, die nicht in der Lage oder willens sind, die wahren Talente des Schülers zu entdecken und zu fördern. Ein Beispiel: Martin Schulz wuchs im Dreiländereck zwischen Deutschland, den Niederlanden und Belgien auf. Durch die Nähe zu diesen Ländern fuhren Jugendliche wie auch Martin Schulz gerne einmal auf die andere Seite der Grenzen. Natürlich besuchte er dort keine reguläre Schule, sondern lernte im Umfeld einer ganz anderen Schule, die oftmals mehr in einem Kind oder Jugendlichen auslöst, als es ein Klassenraum vermag: auf der Straße. Dort lernte der junge Martin wie selbstverständlich Französisch, um mit den Einheimischen sprechen zu können. Er lernte aber nicht nur ein paar Brocken oder die notwendigsten Begriffe – er lernte die Sprache so gut, dass er bald schon am Gymnasium seine Lehrer korrigieren konnte.[26] Allerdings war seine Ausdrucksweise nicht wirklich perfekt, sondern eher eine Art Slang. Diesen autodidaktischen Spracherwerb honorieren seine Lehrer letztlich nicht, sie sorgen auch nicht für eine etwaige Perfektionierung der Aussprache – sie verteilen vielmehr weiter schlechte Noten. Martin Schulz geht mit dem Frust auf seine Weise um: Er engagiert sich einmal mehr, vor allem im und für den Fußball; der Verein und die Kameraden werden für ihn zu einer Art zweiter Familie, für den Traum von der Profikarriere kämpft er weiter mit dem Bewusstsein, wahrscheinlich doch nicht das nötige Talent dafür zu besitzen.

An anderer Stelle ist man sich zu dieser Zeit bereits recht sicher, dass er nicht die gewünschten Talente besitzt: Am Gymnasium bleibt er in der elften Klasse sitzen, schafft den Sprung auch nicht im zweiten Anlauf. Am Ende verlässt er die Schule im Juli 1974 mit der mittleren Reife. Wie man sich den Schüler Martin Schulz vorzustellen hat, beschreibt eine Episode, die Biografin Margaretha Kopeinig in ihrem Buch festgehalten hat. Noch viele Jahre später habe ein ehemaliger Mathematiklehrer Schulz' diese Episode zum Besten gegeben.[27] Im Jahr 1974 stand eine mehrstündige Klassenarbeit auf dem Programm, Schulz sei jedoch beim Blick auf die Aufgabenblätter zu dem Schluss gekommen, er wolle das nicht mehr mitmachen. Daraufhin schrieb er in das Klassenheft, dass er sich aufgrund der Menge und der Komplexität der Aufgaben nicht in der Lage sehe, an der Mathearbeit teilzunehmen. Das Heft mit diesen Ausführungen des späteren Politikers werde bis heute an der Schule aufbewahrt. Seinerzeit habe sich Schulz dann in ein Buch vertieft, während seine Mitschüler die gestellten Aufgaben zu lösen versuchten – er soll die damals neue Hitler-Biografie von Joachim Fest gelesen haben, die er zu Weihnachten von seinem Bruder geschenkt bekommen hatte. Der Lehrer wiederum habe die schriftlichen Ausführungen seines Schülers schließlich mit einem schlichten »ungenügend« bewertet.

Sicher ist es auch heute noch nicht die Regel, dass Lehrer mit einem dermaßen eigensinnigen Schüler Mitgefühl zeigen, oder in besonderer Art und Weise auf ihn sowie seine Bedürfnisse eingehen. Doch das Schulversagen war letztlich nur einer von gleich mehreren Rückschlägen, die Schulz im Alter von 18 und 19 Jahren erdulden musste.

Denn nahezu zeitgleich ging es mit der erträumten Fußball-karriere unwiderruflich zu Ende. Er war 19 Jahre alt, als er sich bei einem entscheidenden Spiel eine Knieverletzung zuzog. Meniskus-Verletzung, schwerer Kreuzbandschaden, fasste Schulz später einmal die Diagnose zusammen.[28] Zunächst aber schien es gar nicht so, als würden diese Verletzungen das endgültige Aus der Sportlerkarriere bedeuten. Vielmehr musste Schulz erst einmal ein halbes Jahr pausieren, lief dann jedoch erneut auf dem Platz auf – allerdings nur für wenige Augenblicke. Nach ein paar Minuten nämlich spürte er wieder einen Stich in dem lädierten Knie: Das Band war wieder gerissen, blieb dauerhaft geschädigt, der Traum von der Fußballkarriere ist für den Rest des Lebens ausgeträumt.

Dieser Moment und diese Gewissheit haben gleich mehrere Folgen. Eine ist, dass Schulz nun als Sportinvalide gilt, was nicht zuletzt Einfluss auf die Musterung zum Wehrdienst hatte. Dort nämlich wurde Schulz als nicht wehrdienstfähig ausgemustert, brauchte also keinen Wehrdienst zu leisten.

Die zweite Folge war tiefe Frustration. Schon früh entstand in Schulz das Gefühl, im Leben gescheitert zu sein. Er war von der Schule gegangen, ohne das Abiturzeugnis in der Hand zu haben, nun hatte er noch den Rettungsanker und seine große Liebe, den Fußball verloren. Er war an einem Punkt, an dem der junge Mann glaubte, tiefer könne er nicht fallen. Das, gestand er seiner Biografin Margaretha Kopeinig, sei dann der Moment gewesen, als er mit dem Trinken begonnen habe.[29] Es schien, als würde ihm nichts mehr gelingen: An der Schule versagt, den Fußball verloren – in diese Leere trat ein tiefer Schmerz, der den Alltag bestimmte.

Heute ist bekannt, dass Schulz trockener Alkoholiker ist. Dass er zu jener Zeit das Trinken anfing, bedeutet jedoch nicht, er wäre sofort und vollkommen dem Alkohol verfallen. Eine solche Entwicklung verläuft selten gradlinig, und sie erstreckt sich über eine längere Zeit. Auch bei Martin Schulz machte es zunächst noch den Eindruck, als könne er sich aus seinem persönlichen Tief wieder befreien. Zwar war er nach dem Ende der Schulzeit rund ein Jahr arbeitslos, doch er raffte sich in gewissem Maße wieder auf: Der leidenschaftliche Leser absolvierte ab 1975 eine Lehre als Buchhändler. Dabei handelt es sich wieder um eine Phase, die in mehrerlei Hinsicht prägend für Schulz werden sollte. Die Lehre kommt ihm durchaus entgegen: Er bewegt sich quasi in einem Paradies für jemanden, der – wie er – Bücher liebt und sie in großer Zahl liest. Andererseits ist gerade eine Lehre als Buchhändler in den Siebzigerjahren noch deutlich anstrengender als in späteren Jahren. Denn diese Zeit, in der ein Computer noch ein Fremdwort und ein Taschenrechner Hightech war, ist im Grunde kaum noch mit der Gegenwart zu vergleichen. Was für einen Buchhändler vor allem bedeutete, dass er vieles im Kopf haben musste: Er musste wissen, in welchen Regalen welche Werke standen und am besten auch, welche Themen sie behandeln. So etwas ist natürlich mit intensivem Lernen verbunden und erfordert, das Gelernte dann auch dauerhaft im Gedächtnis zu behalten – und das erfordert Konzentrationsfähigkeit.

Martin Schulz soll sich dann regelrecht durch die Bücherberge geackert haben. Allerdings war er zu der Zeit längst abhängig vom Alkohol. Er behinderte ihn zunehmend bei seiner Arbeit, sorgte nach und nach dafür, dass sich Freunde von ihm abwendeten – weil sie entweder die Abwärtsspirale nicht miterleben mochten, oder andererseits mit dem so häufig betrunkenen Freund nicht mehr klarkamen.

Trotz des zunehmenden Alkoholgenusses schaffte es Schulz, seine kaufmännische Ausbildung zum Buchhändler im Jahr 1977 abzuschließen. Doch die Sache mit dem Alkohol war damit noch längst nicht ausgestanden. Nach seiner Lehre arbeitete Schulz zunächst in verschiedenen Buchhandlungen und auch bei Verlagen. Gleichzeitig aber befindet er sich weiter in einer Abwärtsspirale, deren tiefsten Punkt er erst 1980 erreichen sollte.

Von ganz unten zurück ins Leben

Im Jahr 1974 beendete Martin Schulz erfolglos seine Schullaufbahn, musste erleben, wie sich der Traum von der Fußballerkarriere in Nichts auflöste – und wurde im Dezember des Jahres an seinem neunzehnten Geburtstag Mitglied der SPD. Im Nachhinein ist diese enge und letztlich unzerstörbare Verbindung zu den Sozialdemokraten erstaunlich: Denn sie ist selbst in den schlimmsten Phasen seines Lebens nie abgerissen. Der Alkohol hat in den Siebzigerjahren vieles im Leben des jungen Martin Schulz zerstört, nachdem das Ende der fußballerischen Laufbahn ihm bereits den Rest gegeben hatte. Doch spätestens seit seinem Engagement für Willy Brandt im Wahlkampf war und blieb er ein ebenso treuer wie aktiver Sozialdemokrat. Selbst als ihm der Alkohol während der Ausbildung zum Buchhändler stark zu schaffen machte, blieb er aktiv im Kreis der Jusos. Möglicherweise war seine politische Aktivität auch die verzweifelte Suche nach einem Rettungsanker, einem Halt. Denn abseits der Politik ging es weiter bergab in seinem Leben; der Alkohol gewann zunehmend die Oberhand. War Martin Schulz zunächst einfach jemand, der häufig mal einen über den Durst trank, entwickelte er sich binnen weniger Jahre zu einem Alkoholiker. Um tatsächlich seine Lehre als Buchhändler abschließen zu können, brauchte er Hilfe. Inzwischen führte sein Bruder Walter einen Buchladen in Bonn. Der stellte den strauchelnden Martin ein – und Walters Lebensgefährtin soll es schlussendlich gewesen sein, die Martin zu seiner Abschlussprüfung fuhr, da der sich darum sonst nicht geschert hätte, wie die *tageszeitung* einmal schrieb.[30]

Viele Abende soll Schulz in jener Zeit in der Gaststätte Houben in Würselen verbracht haben. Die gilt bis heute als ein Ort, an dem Musikveranstaltungen stattfinden, an dem intensiv diskutiert und dazu eben immer wieder reichlich Alkohol getrunken wird. Martin Schulz diskutierte dort oft und gern, und er trank dort oft und gern. Bis zum Jahr 1980, als der mittlerweile 24-Jährige den Tiefpunkt seines Lebens erreichte und ein neues begann.

Darüber, was sich damals genau zugetragen hat, gibt es zwei Geschichten, die immer wieder unter Berufung auf Aussagen von Martin Schulz erzählt werden. Die eine Geschichte erzählt die Biografin Margarethe Kopeinig in ihrem Buch, und es ist letztlich die einfachere oder behutsamere Schilderung. Demnach hätten sich zu dieser Zeit zwar viele Freunde von dem Trinker abgewendet, jedoch hätten immer noch einige Parteigenossen der SPD zu ihm gestanden. Einer von ihnen war Diplom-Psychologe und Leiter einer Erziehungsberatungsstelle. Dieser Freund nun soll Schulz glasklar gesagt haben, welche Alternativen der als alkoholkranker Mensch habe. Seine Ausführungen hätten schließlich in dem einen Satz gemündet: »Entweder du hörst zu trinken auf, oder du gehst zugrunde.«[31] Nach dieser Warnung habe der Angesprochene dann wirklich verstanden, was ihn in seinem Leben erwartete. Bliebe er dem Alkohol treu, dann hätte er mit seinen nur 24 Jahren keine Chancen mehr – nicht in der Partei und nicht beruflich. Mehr noch: er würde am Ende schließlich vollkommen vereinsamen. Das habe dann schließlich am 26. Juni 1980 zu der entscheidenden Einsicht geführt und diesen Tag bis heute für den vermutlich wichtigsten Tag in seinem Leben gemacht. Nach einer weiteren von unzähligen durchzechten Nächten habe er sich den letzten Ruck gegeben, sein Leben in andere und vor allem die für ihn richtigen Bahnen zu lenken. Seitdem habe er keinen Tropfen Alkohol mehr getrunken.

Doch wie gesagt, ist das nur die eine Version dieser Geschichte. Die andere spielt ebenfalls an jenem 26. Juni 1980, nur ist sie um einiges drastischer. Laut dieser Version saß Schulz an jenem Tag nachts um vier Uhr in der Wohnung, nachdem er einmal mehr völlig betrunken heimgekommen war. Alkoholisiert wie er war, sah er sein eigenes Leben nun in dunkelsten Farben: Er hatte weder einen Job noch eine Freundin, alles was er hatte, das waren Schulden und dazu dann noch ein Alkoholproblem. Diese Überlegungen führten schließlich zu dem Gedanken, nichts mache mehr Sinn. Der einzige Ausweg erschien ihm Selbstmord zu sein. Und zwar nicht irgendwann, sondern sofort. Später sollte Schulz davon erzählen, dass er in jener Nacht tatsächlich Schluss machen wollte.[32]

Wer schon einmal betrunken war, der weiß, dass in einem betrunkenen Kopf Gedanken entstehen, die nicht immer Sinn ergeben, oder im Nachhinein nicht logisch erklärt werden können. In diesem Fall führten die Gedanken des Lebensmüden zu einem Anruf bei seinem Bruder. Es lässt sich rückblickend kaum mehr klären, ob es sich bei dem Anruf um einen Hilferuf handelte, oder ob der Betrunkene einfach Abschied nehmen wollte. Um sechs Uhr früh verließ Martin Schulz jedenfalls seine Wohnung und ging hinüber zu seinem Bruder Erwin. Statt dem Leben eine Ende zu setzen, fiel nun die Entscheidung, dem Leben eine neue Richtung zu geben und endgültig vom Alkohol loszukommen, der zu diesem Zeitpunkt schon so viel zerstört hatte. Denn dass Schulz in jener Nacht betrauerte, keine Freundin zu haben, das war letztlich ebenfalls dem Alkohol geschuldet. In der Zeit vor der alles verändernden Nacht im Juni 1980 war Schulz nach Bonn gezogen, wo er in einem Buchladen Arbeit gefunden hatte. Er fand dort jedoch nicht nur Arbeit, sondern bei der Arbeit auch eine Kollegin, in die er sich verliebte. Man träumte von einem gemeinsamen Leben. Nur handelte es sich letztlich um eine Dreierbeziehung, denn der Alkohol war ein stetiger Begleiter. Genau das hielt die Freundin irgendwann nicht mehr aus, und es folgte die Trennung. Schulz zog zurück nach Würselen, wo er nun all die verpassten oder verpatzten Chancen seines Lebens bedauerte. Er schämte sich für diese nicht genutzten Chancen, dafür, die Finger nicht vom Alkohol lassen zu können und er bekämpfte diese Scham dann einmal mehr mit Alkohol. Damit setzte sich ein Teufelskreis in Gang, bis er diesem Leben eben ein Ende setzen wollte, weil er es so, wie es war einfach nicht mehr ertragen konnte.

Dann aber kam der Morgen nach jener Nacht des 26. Juni 1980, an dem Martin Schulz zu seinem Bruder ging und sich mit ihm unterhielt. Dieser Bruder Erwin nun praktizierte in Würselen als Allgemeinmediziner. Als der jüngere Martin ihm schließlich von seinem Entschluss berichtete, sein Leben in andere und bessere Bahnen lenken zu wollen, verschrieb er ihm erst einmal einige Pillen, die ihm den Entzug erleichtern sollten.[33]

Kurz darauf begab sich Martin Schulz in eine Klinik zu einer viermonatigen Alkoholentzugs-Therapie. In dieser Zeit habe ihm einer der wenigen verbliebenen Freunde in einem Brief geschrieben, er habe nun eine vielleicht einmalige Chance, sich wirklich intensiv mit sich selbst zu beschäftigen – diese Chance solle er nutzen. Was der Angesprochene auch tat: Er lernte vieles über sich selbst beziehungsweise über das, was ihm immer wieder Probleme bereitete und ihn zum Alkohol als vermeintlichem Problemlöser führte. Ein Knackpunkt wäre seine Neigung zu einer gewissen Selbstüberschätzung gewesen. Schulz habe sich immer sehr hohe Ziele gesetzt, wollte letztlich immer dort mitspielen, wo sich die ganz Großen tummelten – nicht zuletzt auch in der Politik. Vielleicht musste er ja wirklich erst ganz unten landen, um schließlich wirklich aufzusteigen und die Europapolitik entscheidend zu prägen. Und wer weiß – vielleicht ja auch bald die Bundespolitik.

Kleine große Erfolge

Damals, sagte Schulz später, musste er erst einmal lernen, bescheidener zu werden, und mit sehr viel kleineren Erfolgen zufrieden zu sein. Er musste lernen, sich Erfolge erst einmal zu erarbeiten, bevor er die Früchte der Erfolge dann genießen konnte. Am Ende der Entzugstherapie hatte Martin Schulz viel über seine eigene Persönlichkeit und über das Leben gelernt. Vor allem brachte er die Sucht endlich unter seine Kontrolle, und ist ihr seitdem nie wieder verfallen. Er war abstinent, und er blieb es bis heute. Die Klinik verließ er mit der Überzeugung und dem Vorsatz, das Leben noch einmal ganz neu zu beginnen.

Kaum zwei Jahre später war dann der erste große Schritt geschafft. Zusammen mit seiner Schwester Doris eröffnete Schulz im Jahr 1982 einen eigenen Buchladen. Das Geschäft befindet sich im Haus eines Freundes und Parteigenossen. Dort hat er dann wieder einmal sehr viel Neues gelernt, das ihm auf seinem weiteren Weg noch von Nutzen sein sollte. Einerseits konnte er als Buchhändler weiter seiner unbändigen Leselust frönen, was er auch ausgiebig tat. Nun aber mit dem Bewusstsein, dass er das nicht nur zu seinem eigenen Vergnügen tat. Denn schließlich ging es nun um die eigene Existenz, um das wirtschaftliche Überleben der eigenen Buchhandlung. Denn eine Buchhandlung lebt nun einmal davon, Menschen Bücher zu verkaufen. Das klappt am besten, wenn man beim Kunden so viel Interesse für ein Werk wecken kann, dass er es unbedingt selbst lesen möchte.

Jahrzehnte später war Martin Schulz als Kanzlerkandidat in den Mittelpunkt des öffentlichen Interesses geraten, was immer auch bedeutet, dass Medien sich mit der Vergangenheit des Kandidaten befassen. Also machten sich immer wieder Reporter auf, die mehr über die Zeit des Politikers als Buchhändler wissen wollten. Dabei befragten sie oft auch einstige Kunden. Diese Idee hatte man im Januar 2017 unter anderem beim Deutschlandradio Kultur, und stieß auf den derzeitigen SPD-Chef in Würselen, der Schulz noch als Buchhändler erlebt hat und ihm ein durchaus positives Zeugnis ausstellte. Er sei ein guter Buchhändler gewesen: »Er konnte Leute oder Kunden gut von Büchern überzeugen, ihnen Bücher nahebringen und auch Bücher empfehlen aus Genres, die sie vielleicht vorher nicht gelesen haben.«[34] Anschließend seien die Leute meist sehr zufrieden und froh gewesen, dieses Buch gelesen zu haben. Dem Befragten habe der Neu-Buchhändler Romane von John le Carré und Frederick Forsyth empfohlen, die er dann mit Begeisterung gelesen habe. Er erinnerte sich auch an eine Empfehlung von Schulz zu politischer Literatur: Hans Magnus Enzensbergers *Politik und Verbrechen*, ein Buch von 1964, in dem der Autor laut Herausgeber versucht, »das Verbrecherische an der Politik zu entlarven«.[35]

Dieses Buch entsprach sicher auch dem sozialkritischen Zeitgeist, doch so viel Martin Schulz auch selber aus dem Sortiment seines Geschäftes las – wie jedem Buchhändler war es ihm letztlich unmöglich, jedes Buch aus den Regalen wirklich komplett durchzulesen. Trotz seiner großen Begeisterung für Bücher jeden Genres konnte er beim besten Willen nicht jeden Titel komplett kennen. Vielmehr galt es, mit Fingerspitzengefühl, Querlesen und Hintergrundwissen dem Kunden eine treffende Empfehlung auszusprechen. Menschen mit knappen, klaren Worten zu überzeugen – diese Kompetenz sollte ihm später auch in der Politik helfen.

Überhaupt ist die Politik wieder beziehungsweise immer noch ein Thema. Die Buchhandlung befand sich im Hause eines Freundes und Parteigenossen. Der wiederum ließ sich zu jener Zeit gerade scheiden und lebte nun allein in einer Wohnung des Hauses. Martin Schulz betrieb dort nicht nur den Buchladen, auch er zog in eine Mischung aus Büro und Wohnung im Hinterzimmer des Geschäftes ein. Zwei Junggesellen also im gleichen Haus. Einer dieser Junggesellen hatte inzwischen seine Alkoholsucht abgelegt, zog also nicht mehr von Kneipe zu Kneipe beziehungsweise von Rausch zu Rausch. Vielmehr traf er sich nun in den Büroräumen der Buchhandlung mit anderen Kommunalpolitikern. Man sprach über Politik im Allgemeinen, diskutierte auch mit politischen Gegnern, die sich ebenfalls zu den Treffen einfanden, die man scherzhaft bald das Küchenkabinett nannte, wie Schulz erzählte.[36]

Nicht nur die Buchhandlung selbst lief bald sehr gut, der neue Lebensmut und die Gespräche mit den zurückgewonnenen Freunden – ebenso wie den politischen Gegnern – führten zu einem Wiederaufflammen der politischen Karriere von Martin Schulz. Bald schon wird er Vorsitzender der Jusos in Würselen und kandidiert schließlich 1984 für den Stadtrat. Mit Erfolg: Der inzwischen 29-Jährige wird jüngster Stadtverordneter und übernimmt den Vorsitz eines Ausschusses, der vor allem für Weiterbildung zuständig ist. Insgesamt sollte er fünfzehn Jahre lang Mitglied des Stadtrates bleiben.[37] In dieser Zeit initiierte oder begleitete er viele Projekte, anfangs jedoch ging es ihm vor allem um die Bekämpfung der steigenden Jugendarbeitslosigkeit in der Region.

Zu diesem Zweck entsteht ein Konzept, wie Jugendliche ohne Schulabschluss den Hauptschulabschluss nachholen können und gleichzeitig eine Beschäftigung ausüben. Bis heute ist Schulz stolz auf dieses Konzept, das aus täglich vier Stunden Schule sowie vier Stunden Arbeit bestand.

Und einmal mehr im Leben des Martin Schulz hat eine Aktivität gleich mehrere Auswirkungen. Denn sein Konzept sieht für die Jugendlichen vor allem eine Beschäftigung im Bereich Umweltschutz vor – man wollte also die Arbeitslosigkeit bekämpfen und gleichzeitig den Umweltschutz fördern. Im Mittelpunkt stand dabei das Vorhaben, die ehemaligen Braunkohlehalden in der Nähe Würselens zu rekultivieren. Dafür suchte man nach Fachpersonal aus dem Garten- und Landschaftsbau, das die berufliche Weiterbildung der Jugendlichen begleiten konnte und dafür sorgen sollte, dass die Rekultivierung auch klappte. Was dann laut der Biografie *Martin Schulz – vom Buchhändler zum Mann für Europa* zu einem Besuch bei einer jungen Garten- und Landschaftsarchitektin führte, den Schulz als Projektleiter selbst unternommen hatte.[38] Die Frau, rund ein Jahr jünger als er, beeindruckte den Politiker, bald schon lernte man sich näher kennen und heiratete schließlich.

Doch schon als Schulz seine Karriere in der Lokalpolitik erfolgreich vorantrieb, machte seine Frau Inge ihm eines klar: Sie wollte nicht als die Frau an seiner Seite in die Öffentlichkeit treten, wollte keine reinen Repräsentationstermine wahrnehmen. Sie wollte einfach ihr Leben und das Familienleben führen, aber keine öffentliche Person sein. Das respektierte Martin Schulz, und er hat sich bis heute daran gehalten. Anders als bei anderen Politiker-Gattinnen ist daher nie sehr viel über Inge Schulz berichtet worden, hat sie selber niemals Interviews gegeben.

Einige Details sind im Laufe der Zeit trotzdem über sie bekannt geworden. Etwa, dass ihre Familie aus Polen stammt und nach Deutschland kam, als Inge gerade einmal ein Jahr alt war. Sie machte schließlich ihr Abitur, studierte Garten- und Landschaftsarchitektur – was dann zu ihrem Beruf und vor mehr als dreißig Jahren zu der Begegnung mit ihrem späteren Mann führte. Aus der Ehe gingen zwei Kinder hervor, die mittlerweile ebenfalls erwachsen sind.[39]

Doch selbst ohne öffentlichkeitswirksame Ehefrau an seiner Seite nimmt die Karriere des Martin Schulz schnell weiter Fahrt auf, wenn auch zunächst noch im überschaubaren kommunalen Rahmen. Das Pilotprojekt zur Wiedereingliederung beschäftigungsloser Jugendlicher ohne Schulabschluss erweist sich als voller Erfolg, führt schließlich zur Gründung eines Vereins zur Fort- und Weiterbildung, der bis heute als vorbildlich gilt. Auf dieser Basis folgen schließlich weitere erfolgreiche Projekte, auf Schulz heute noch stolz ist.

Wobei immer zu sagen ist: Martin Schulz hat all das in Würselen nicht allein auf die Beine gestellt, er arbeitete mit einem Team. Zu diesem Team zählte auch ein gewisser Herbert Hansen, mit dem sich Schulz bereits zu Schulzeiten angefreundet hatte. Im Laufe der Zeit wurde Hansen zu einem der engsten Vertrauten des Politikers.[40] Als er Stadtrat in Würselen war, leitete Hansen sein Büro, später folgte er ihm bis nach Brüssel und ins Europäische Parlament.

Schon während seiner Stadtrats-Phase war bald ebenfalls klar, dass Martin Schulz hier noch nicht die letzte Stufe der Karriereleiter genommen hat. Seine Projekte sind nämlich nicht nur erfolgreich, sie machen ihn in der Region bekannt und steigern seine Beliebtheit bei den Menschen – und damit letztendlich bei den Wählern. Wobei er seine Wähler zunächst noch gar nicht auf den Straßen suchen muss, sondern im Rathaus von Würselen – denn gewählt wurde der Bürgermeister vom Stadtrat.

Laut Überlieferung kam eines Tages Bernd Thielen, der amtierende Bürgermeister Würselens, auf den jungen Stadtrat zu. Der Bürgermeister sagte, er werde das Amt nicht mehr länger ausüben, da ihm die Stadt Aachen einen Posten in der Verwaltung der Stadt angeboten habe, eine führende Position sogar. Aus diesem Grund wolle er zurücktreten, und sein Wunsch sei es, dass der Stadtrat Schulz an seine Stelle trete. Für Martin Schulz war dieses Angebot natürlich eine Ehre, trotzdem lehnte er es zunächst ab. War er sich doch nicht sicher, ob er als Buchhändler und Juso mit einer doch recht intensiven Vergangenheit als Alkoholiker von den Menschen in dieser Position überhaupt akzeptiert werden würde.

Daher wollte er sich erst einmal mit seiner Frau besprechen. Schulz war zu jener Zeit gerade 31 Jahre alt, immer noch ein recht junger Mann. Ein Mann, dessen Frau zudem mit dem ersten gemeinsamen Kind schwanger war. Es gab also einiges zu besprechen, bevor er sich für die Zukunft festlegte. Wie die Überlieferung weiter besagt, stimmte seine Frau einer Karriere als Bürgermeister zu. Allerdings nur unter folgenden Bedingungen: Sie selber wollte nicht als die Frau an der Seite des Amtsträgers in Erscheinung treten. Der Rest ist Geschichte: Schulz trat an und wurde ohne Gegenkandidaten vom Stadtrat zum Bürgermeister gewählt, zum damals jüngsten Bürgermeister in Nordrhein-Westfalen.

Ein Amt, die Würde und das Spaßbad

Geht es um den Aufstieg des Kommunalpolitikers Schulz in Würselen, dann geht es natürlich immer auch um die Stadt selbst. Nun ist es natürlich relativ leicht, das Würselen von heute zu beschreiben. Genau das haben nach der Kür des Kandidaten unzählige Journalisten getan: Sie sind nach Würselen gereist, haben ihre Eindrücke niedergeschrieben oder von den Kameras einfangen lassen. Es kamen natürlich immer Zeitzeugen zu Wort, die sich mal besser, mal schlechter an die Zeit erinnern konnten, in der Martin Schulz als Lokalpolitiker den Ort mitprägte. Denn seitdem sind schließlich gut dreißig Jahre vergangen. Jahre, in denen die Stadt an vielen Punkten ihr Gesicht veränderte; Jahre, die außerdem die Erinnerung von Zeitzeugen schwinden ließen, oder sie in gewissem Maß auch verzerrten. Wollte man die Arbeit des Martin Schulz in den Achtziger- und Neunzigerjahren wirklich bewerten, dann müsste man im Grunde selbst in diese Zeit zurückzureisen. Was bekanntlich nur im Roman oder im Film möglich ist. Jedoch nicht in der Realität. Möglich allerdings ist es, über den Umweg des Hilfsmittels Film einen Eindruck des Würselen jener Zeit zu erhalten.

Dieser Umweg trägt den Titel »Würselen 1979«. Dabei wiederum handelt es sich um einen Dokumentar- beziehungsweise Imagefilm, der die Stadt, ihre Merkmale und die Menschen vorstellt. Den Film als Machwerk abzukanzeln ist womöglich etwas zu boshaft. Jedoch handelt es sich eben um einen Imagefilm, der typisch für seine Zeit ist, und der stellenweise dann doch unfreiwillig komisch wirkt. Was unter anderem an dem eingesetzten Sprecher liegt, der seiner Arbeit mit hörbar geringem Elan nachging. Aber was immer aus heutiger Sicht von dem insgesamt rund einstündigen Streifen zu halten ist, er ist letztlich ein Zeitdokument, das insgesamt auch die damalige Kommunalpolitik beschreibt. Ansehen kann sich »Würselen 1979« heute übrigens jeder, der es möchte, und das dann sogar noch vollkommen kostenlos: Er lässt sich nämlich über den YouTube-Kanal des Kulturarchivs Würselen aufrufen.[41]

Der Film beginnt nach einem kurzen geschichtlichen Abriss mit einem denkwürdigen Satz. Sagt der Sprecher doch: »Würselen ist gut in der Lage, die Ansprüche seiner Bürger weitgehend zu erfüllen.« Was – ob gewollt oder nicht gewollt – natürlich letztlich aussagt, die Stadt erfülle die Ansprüche der Menschen nicht in Gänze. Es würde letztlich aber den Rahmen dieses Buches sprengen, jede Szene des Filmes zu beschreiben und sie dann auch zu bewerten. Zusammengefasst beschreibt der Streifen das Wachstum der Stadt, später dann die wirtschaftliche Schwierigkeiten infolge von Zechenschließungen, behandelt außerdem unter anderem das Freizeit- und Sportangebot der Stadt. Was den Film aber letztlich vor dem Hintergrund der politischen Entwicklung des Martin Schulz interessant macht, das ist ein thematischer Schwenk nach rund fünfzig Minuten Laufzeit. Ab diesem Zeitpunkt nämlich geht es um die Politik in der Stadt, und es wird ein

Name genannt, der in Zusammenhang mit der Karriere des Martin Schulz bereits gefallen ist: Nämlich der von Bernd Thielen, dem Vorgänger im Amt des Bürgermeisters. Der wurde im Jahr der Entstehung des Filmes mit damals 36 Jahren erstmals in das Amt gewählt. Die im Film enthaltenen Szenen dieser Wahl sind es dann auch, die einen besonders guten Einblick in die politische Landschaft Würselens und deren Vertreter erlauben.

Insgesamt zeichnet der Film letztlich das Bild einer Stadt, die sich den wirtschaftlichen Umbrüchen jener Zeit gestellt hat, und sie nach und nach zu bewältigen hofft – nicht zuletzt durch die Arbeit des Stadtrates, dem ja auch Martin Schulz wenig später angehören sollte. Am Ende des Streifens sagt der Sprecher: »Würselen ist für eine bessere Zukunft zum Wohle ihrer Bürgerinnen und Bürger vorbereitet. Mögen sich die guten Absichten umsetzen. Würselen ist eine Stadt, in der es sich zu leben lohnt.«[42]

Der Umschwung beziehungsweise die Neuausrichtung war immer noch das Thema, als Martin Schulz 1987 zum Bürgermeister gewählt wurde. Bereits in den Jahren zuvor hatte er als Stadtrat an der Neuausrichtung nach dem Strukturwandel intensiv mitgewirkt und auf diese Weise seine Popularität in der Bevölkerung deutlich steigern können. Das erste Projekt seiner Amtszeit allerdings hatte mit einer anderen gesellschaftlichen Veränderung zu tun als mit Wegfall des Kohlbergbaus als größtem Arbeitgeber. Standen doch die Achtzigerjahre auch für eine weitere Änderung des traditionellen Familienbildes – neben den Männern gingen immer mehr Frauen einer beruflichen Tätigkeit nach. Eine Entwicklung, die Martin Schulz erkannte, zumal er ja selber inzwischen Vater und Ehemann einer Frau war, die ebenfalls beruflich auf eigenen Beinen stand. Sein erstes politisches Projekt lautete daher: mehr Kindergartenplätze schaffen. Forderte das Gesetz eine Bedarfsdeckung von 75 Prozent, wollte Schulz nun in seiner Stadt eine Quote von 90 Prozent erreichen. Er wollte also 15 Prozent zusätzliche Kindergartenplätze schaffen, und zwar aus eigener Kraft und ohne finanzielle Unterstützung vom Bundesland. Ein ehrgeiziges Ziel, das nicht zuletzt die Stadt selbst hohe Summen kosten würde.[43] Und wenn etwas Geld kostet, dann gibt es immer Menschen, die dagegen sind – was auch in diesem Fall nicht anders war. Martin Schulz schlug mit seinen Plänen starker Gegenwind entgegen, nicht zuletzt in seiner eigenen Partei.

Das allerdings sollte nicht die einzige Krise bleiben, der sich Schulz in seiner Amtszeit als Bürgermeister stellen musste. Biografin Margaretha Kopeinig etwa widmet sich in ihrem Buch noch einer anderen Krise, die sich heute wieder erstaunlich aktuell anhört – die Krise an sich ebenso wie ihre Auswirkungen.[44] Damals hat es nämlich eine Flüchtlingskrise gegeben, und in Würselen stieg zwischen 1988 und 1989 die Zahl der Asylsuchenden drastisch an. Wobei hier noch gar nicht von jenen Menschen die Rede ist, die bald aus dem Osten Europas und der ehemaligen DDR in den Westen Deutschlands kamen.

Vielmehr waren es Flüchtlinge aus Schwarzafrika, wo die Lage damals äußerst instabil war. Die deutschen Städte standen – wie fast drei Jahrzehnte später auch wieder – vor der Herausforderung, große Zahlen von Asylsuchenden aufzunehmen und unterzubringen. Und ebenfalls wie drei Jahrzehnte später gab es Orte oder Politiker, die dazu mehr oder eben weniger bereit waren. Es folgten also ebenso langwierige und zähe Verhandlungen mit anderen Städten beziehungsweise Bürgermeistern darüber, wer wo wie viele Flüchtlingen aufnehmen und unterbringen sollte. Schulz zählte zu jenen, die aufnehmen wollten. Er berief sich dabei auf das Grundgesetz: So lange er zu entscheiden habe, werde das Grundgesetz angewendet und niemand könne oder solle sich damit herausreden, er habe sich um zu viele Flüchtlinge zu kümmern. Das fassten nun aber andere Politiker als eine Art Freifahrtschein auf, um Flüchtlinge in den Wirkungsbereich des jungen SPD-Bürgermeisters zu schicken – der werde sich schon um die Menschen kümmern. Das hieß aber, dass man sich anderenorts bald wieder entspannt zurücklehnte, während in Würselen die Zahl der Asylsuchenden und die damit verbundenen Probleme rapide zunahmen. Um der Lage Herr zu werden suchte Bürgermeister Schulz nach Unterbringungsmöglichkeiten für die Flüchtlinge, fand sie unter anderem in Turnhallen oder leerstehenden Häusern. Doch wie auch heute regte sich vor dem Hintergrund einer solchen Offenheit beim Umgang mit Flüchtlingen bald deutlicher Widerstand, der bis hin zu Morddrohungen gegen den umtriebigen Politiker reichte.

Doch das war nicht sein einziges Problem. In sein Amt war Schulz nur gekommen, weil der zuvor amtierende Bürgermeister es im Grunde kampflos abgegeben hatte, um eine andere Stelle in Aachen anzutreten. Weil er sich seitdem ein hohes Ansehen in der Bevölkerung erarbeitet hatte, war Schulz nun auch Spitzenkandidat der SPD für die im Herbst anstehenden Kommunalwahlen geworden. Als sich die Lage rund um die Flüchtlinge zu Beginn des Jahres 1989 zuspitzte, drohte die Zustimmung der Bevölkerung wieder zu kippen – Ablehnung machte sich breit. Das allerdings nahm ein Martin Schulz nicht einfach hin, er zeigte sich einmal mehr als jemand, der die Situation nicht einfach aussaß. Vielmehr ging er das Thema aktiv an und versuchte die Krise in seinem Sinne zu bewältigen. Etwa mit Interventionen beim Innenminister Nordrhein-Westfalens, die schließlich dazu führen sollten, Flüchtlinge aus Würselen auf andere Städte zu verteilen. Gleichzeitig re-

duzierte sich die Zahl neuer Asylbewerber und der Mann, der sich
kurz zuvor nahezu ständig für seine Haltung in der Flüchtlingsfra-
ge hatte verteidigen müssen, bekam wieder politischen Rücken-
wind. Die Kommunalwahl sollte zu seiner ersten, aber nicht der
letzten Bestätigung von Schulz in seinem Amt werden.

In seiner zweiten Amtszeit kann sich der Bürgermeister dann
einmal mehr der Bewältigung des Strukturwandels in der Region
widmen. Das bedeutete, nach dem Wegfall traditioneller Betriebe
neue Arbeitgeber an den Standort zu locken. Für die Neuansied-
lungen musste es aber Areale geben, an denen sie ihre Betriebe
errichten und betreiben könnten. Die Einrichtung eines Gewerbe-
gebietes sollte die zweite Amtszeit mit prägen.

Die Fläche für das in jener Zeit entstandene Gewerbegebiet
gab es schon vor der Ära Schulz, nur trug sie zunächst noch einen
für Unternehmer wenig attraktiven Namen: Es war der Kaninsberg. Wie also könnte man große und am liebsten international
agierende Unternehmen davon überzeugen, sich an dem eher pro-
vinziell klingenden Kaninsberg in Würselen niederzulassen? Um
diese Frage zu beantworten beriet sich Martin Schulz so lange mit
Kollegen und Fachleuten, bis die zündende Idee entstand. Der
Tagesspiegel fasst das Ergebnis so zusammen: »Würselen stellt
das Land zur Verfügung, Aachen seinen Namen, und beide profitieren. Seitdem heißt das Gebiet ›Aachener Kreuz‹.«[45] Dieses gut
1.500.000 Quadratmeter große Gebiet liegt direkt an einem Auto-
bahnkreuz, und lockte bald auch wegen seiner verkehrsgünstigen
Lage eine ganze Reihe von Unternehmen an. Heute sind mehr als
250 Betriebe mit gut 5500 Arbeitsplätzen dort aktiv. Die Palet-
te der in Würselen ansässigen Unternehmen reicht vom Grafik-
karten-Spezialisten Nvidia über den türkischen Konzern Sahinler
Group bis hin zum Geschäft der Familie Breuer, die es mit ihrem

Angebot von 3000 Biersorten und 300 Mineralwässern bis in das Guinness-Buch der Rekorde brachte.

Bis heute ist dieser Erfolg für die Stadt eng mit der Person des einstigen Bürgermeisters verbunden. Und es gibt noch vieles mehr, was Martin Schulz in seiner Amtszeit anschob und letztlich durchsetzte. Was dann jedoch zu einer weiteren Frage führt: Was zeichnete den Bürgermeister Martin Schulz eigentlich aus, was machte ihn so erfolgreich? Daran schließt sich gleich die nächste Frage an: Was hatte sich im Inneren von Martin Schulz verändert? Schließlich war es noch gar nicht so lange her, dass Martin Schulz eher an die nächste Flasche Martini als an die nächste Ratssitzung dachte, dass er sich eher mit dem Beenden seines scheinbar vertanen Lebens statt mit Zukunftsplänen beschäftigte. Die Antworten auf diese Fragen lassen sich sehr kurz zusammenfassen: Martin Schulz hatte es tatsächlich geschafft, sein Leben wieder in den Griff zu bekommen, er hatte sich im Grunde vollkommen gewandelt. Aus dem Skeptiker, der ständig mit sich und den an sich selbst gestellten Erwartungen haderte, war er ein zufriedener Mann geworden – eine Wandlung, an der sicher auch seine Ehe einen Anteil hatte. Er kam nun nicht nur mit sich und seinem Leben deutlich besser zurecht, er konnte diese Einstellung zudem auf andere übertragen. Die *Tageszeitung* schrieb dazu einmal: »So unkontrolliert Schulz früher war, so diszipliniert ist er jetzt. Er arbeitet hart, führt jeden Abend Tagebuch, nie wieder trinkt er Alkohol.«[46] Sogar nach langen Sitzungen im Rathaus motiviere er seine Kollegen, die Ergebnisse direkt im Anschluss zu besprechen. Außerdem könne er sich durchsetzen, weil er gleichzeitig für gute Stimmung sorge. Etwa auf den zwölfstündigen Fahrten mit dem Reisebus in die französische Partnerstadt: Auf der Fahrt stehe er stundenlang am Mikrofon und unterhalte die Reisegruppe. Am Mikrofon hielt Martin Schulz allerdings nicht nur motivierende Reden. Eine der eher unbekannten Seiten des Politikers ist nämlich, dass er gerne und oft singt. Und wenn es mit dem Bus in die französische Partnerstadt Morlaix ging, überrascht es nicht, dass Martin Schulz französische Chansons intonierte, die er nicht nur gerne hört, sondern auch selber singt.

Der kurierte Alkoholiker konnte nun aber noch etwas einbringen beziehungsweise ausleben: sein rhetorisches Talent, das ihn seit frühester Jugend auszeichnet. Ein ehemaliger Mitschüler und Mannschaftskamerad auf dem Fußballfeld etwa erinnert sich an eine Begebenheit aus dem dritten Schuljahr, die schon deutlich zeigte, welche Begabung sich in Martin Schulz entwickelte. Eines Tages saß man also nebeneinander in der Schule, nachdem man am Vortag ausgiebig Fußball gespielt hatte, statt die die Hausaufgaben zu machen – sie hätten einen Aufsatz schreiben müssen. Es kam wie es kommen musste: Der Lehrer forderte Martin auf, aus seinem Aufsatz vorzulesen. Ein Aufsatz, den es nicht gab. Martin Schulz habe seinem Mitschüler und Freund daher einen Blick zugeworfen, der unmissverständlich als Bitte zu interpretieren war, ihm den Aufsatz des Freundes für den Vortrag zu überlassen. Da beide aber gemeinsam unterwegs gewesen waren, hatte der Freund auch keine Hausaufgaben gemacht und konnte nicht helfen. Martin Schulz allerdings dachte noch immer nicht daran, dem Lehrer das Versäumnis einzustehen. Vielmehr sei er an seinem Platz sitzen geblieben, habe sein Schulheft aufgeschlagen, und habe aus diesem leeren Heft vorgetragen. Er las also einen Aufsatz vor, den er nie geschrieben hatte. Diese Improvisation aus dem Stegreif gelang ihm so perfekt, dass der fiktive Aufsatz die Note Zwei bekam – der Lehrer habe nie gemerkt, was sich tatsächlich hinter dem Vortrag verbarg.[47]

Später sollte sich dieses rhetorische Talent dann aber noch in anderer Form und Ausprägung zeigen, wobei es nicht jedem Weggefährten in positiver Erinnerung ist. So sei Martin Schulz schon in seiner Zeit als Politiker in Würselen stets einer der Wortführer gewesen. Jeder dort kenne eine Anekdote über Martins rhetorisches Talent, schrieb etwa die *Rheinische Post* im Januar 2017 unter der Überschrift »Der Weltpolitiker aus Würselen«.[48] Auf dieses Talent sei sein lokalpolitischer Kontrahent und CDU-Fraktionschef in Würselen nicht so gut zu sprechen gewesen. Wer sich einmal mit Schulz gestritten habe, vergesse das nicht. Ein Beispiel dafür habe er auch parat. Mitte der Achtzigerjahre sei es im Stadtrat zu einem Streit gekommen. »Die SPD konnte noch nie mit Geld umgehen«, habe der CDU-Mann gewettert. Woraufhin Schulz gekontert habe: »Sie Winkeladvokat, halten Sie den Mund.«[49] Doch das sei inzwischen längst verziehen, sagte der Beschimpfte.

Wenn aber von rhetorischem Talent die Rede ist, bedeutet das nicht, der Politiker Schulz hätte schon in jungen Jahren so frei und auch so zugespitzt gesprochen wie heute. Die Jahre in Würselen waren letztlich wohl eher Lehrjahre – bis zur rhetorischen Meisterschaft sollte es noch eine Weile dauern. Was etwa deutlich wird, schaut man sich heute die Antrittsrede des Bürgermeisters Schulz aus dem Jahr 1987 an. Die ist nämlich eher politischer Standard als ein Meisterwerk der Eloquenz. Dass man diese Rede heute noch nachlesen kann, liegt daran, dass sie in den Ratsprotokollen der Stadt Würselen erhalten geblieben ist, in denen zu Beginn des Jahres 2017 ebenfalls immer wieder Journalisten nach Hinweisen zur Person von Martin Schulz suchten.

Laut diesen Protokollen begann die erste Rede des neuen Bürgermeisters seinerzeit so: »Ihre freundlichen Glückwünsche werden mir Ansporn und Verpflichtung sein, durch eine überparteiliche und objektive Amtsführung Ihr Vertrauen zu rechtfertigen.«[50] Man kann sicherlich sagen, dass diese Worte nicht übermäßig von sprachlichem Talent oder dem Wunsch nach ausgefallenen Formulierungen geprägt sind. Auch die weiteren Ausführungen des neuen Bürgermeisters waren eher sachlich statt rhetorisch ausgefeilt oder gar spritzig. Was aber nicht zuletzt der Situation beziehungsweise der damals aktuellen Lage der Stadt geschuldet war. Denn einmal mehr ging es damals vor allem um die Bewältigung des Strukturwandels und um die Sicherung der Beschäftigung. »In diesem Sinne möchte ich mitten unter den Bürgern unserer Stadt, in ihren Vereinen und Organisationen leben und arbeiten.«[51] Mit einem »Glückauf« schloss Schulz an jenem Tage seine Ausführungen.

Doch die Wortwahl ist letztendlich im Leben eines Politikers nebensächlich. Entscheidend ist vielmehr, was er tatsächlich anpackt, welche messbaren Erfolge er erzielt. Vor diesem Hintergrund gibt es aus der Amtszeit des Bürgermeisters Schulz viel Positives zu berichten. Allerdings leistete er sich einen Fehler, der ihm bis heute nachhängt. Dieser Fehler steht unter dem Oberbegriff Spaß- beziehungsweise Erlebnisbad.

Während Schulz' Amtszeit ist das marode Freibad der Stadt Gesprächsthema. Kurz zusammengefasst soll der Bürgermeister sich gegen eine Sanierung und für eine Schließung des Bades ausgesprochen haben, weil Sanierung und Unterhalt die öffentlichen Kassen belasteten. Stattdessen sollte ein Investor ein Spaßbad errichten und betreiben – das *Aquana*.[52] Gegen diesen Plan formierte sich bald Protest: Es gab eine Bürgerinitiative und eine Unterschriftenaktion. Allerdings unterlief den Bürgern schließlich ein Formfehler und ihr Anliegen wurde abgewiesen.

Das *Aquana* wurde gebaut. Doch es sollte sich bald als große Pleite erweisen. Zunächst musste die Stadt wesentlich mehr Zuschüsse als geplant zahlen und dann schließlich das ganze Objekt symbolisch für eine D-Mark übernehmen – sie musste es außerdem selbst betreiben. Die Unterhaltskosten in Höhe von aktuell eineinhalb Millionen Euro jährlich trugen dazu bei, dass an anderer Stelle massiv gespart werden musste. Bis heute ist das *Aquana* ein Streitthema und verschlingt weiter Unsummen.[53] Dass Schulz dieser Fehler unterlief lag wohl vor allem daran, dass er seinerzeit als Bürgermeister nicht mehr voll bei der Sache war – Europa war für ihn nämlich inzwischen in den Vordergrund getreten.

Aus der Provinz in das Herz Europas

Ist davon die Rede, dass Martin Schulz Bürgermeister von Würselen gewesen ist, dann muss noch etwas erwähnt werden. Denn in Deutschland ist Bürgermeister nicht gleich Bürgermeister, vielmehr gibt es je nach Bundesland durchaus Unterschiede, die Unterschiede wiederum sind außerdem vom Zeitpunkt der Wahl beziehungsweise der Amtszeit abhängig sind. Als Schulz von 1987 bis 1998 Bürgermeister seiner Heimatstadt war, hat er dieses Amt nie hauptberuflich ausgeübt. Vielmehr bestand unter anderem in Nordrhein-Westfalen bis zum Jahr 1994 eine Aufgabenteilung zwischen dem hauptamtlichen Chef der Verwaltung, dem Oberstadt- oder Gemeindedirektor und dem ehrenamtlichen Bürgermeister, der zugleich Ratsvorsitzender war. Dieses System war nach dem Zweiten Weltkrieg 1945 von der britischen Besatzungsmacht eingeführt worden. Man bezeichnete es auch als kommunale Doppelspitze. Nach Abschaffung der Doppelspitze wurden die Bürgermeister zunächst vom Rat gewählt.

Seit der Kommunalwahl im Jahr 1999 erfolgte die Direktwahl der hauptamtlichen Bürgermeister in Städten und Gemeinden durch die Bürger für eine Amtszeit von sechs Jahren.[54] Durch das Gesetz zur Stärkung der kommunalen Demokratie vom April

2013 wurde die Amtszeit von sechs auf fünf Jahre verkürzt. Die nächste Änderung steht im Jahr 2020 an: Ab dann sind die Bürgermeisterwahlen mit den Wahlen der Stadt- und Gemeinderäte verbunden.

Obwohl inzwischen in Nordrhein-Westfalen Bürgermeister hauptamtlich tätig sind, war die Aufgabe für Martin Schulz noch ein Ehrenamt. Was jedoch nicht bedeutet, es habe zu jener Zeit weniger für den Amtsinhaber zu tun gegeben. Das ist wichtig zu wissen, weil sich während Schulz' Amtszeit noch andere Dinge zutrugen. In diesem Zusammenhang sind weitere Namen von Bedeutung. Einer davon ist Achim Großmann. Der wurde 1947 geboren, ist also acht Jahre älter als Schulz. Gerade in der Kindheit und Jugend ist so ein Altersunterschied fast ein Garant dafür, dass man in einer Kleinstadt wenig miteinander zu tun hat. Doch Martin Schulz hat eben auch ältere Brüder und einer dieser Brüder war eng mit Achim Großmann befreundet, der daher im Hause Schulz ein und aus ging.[55] Man kannte sich also schon früh. Großmann war Sohn eines Arztes, studierte später Psychologie. Wie alle Schulz-Kinder war und ist auch Großmann ein überzeugter Sozialdemokrat. Großmann war es, der den 19-jährigen Martin Schulz zu den Jusos holte, und er erlebte ebenfalls aus nächster Nähe, wie sich Schulz in jungen Jahren im Alkoholismus verlor. Immer wieder soll Großmann ihm zugeredet haben, dem Alkohol zu entsagen. Während sich in dieser Zeit andere von dem Süchtigen lossagten, blieb Großmann sein Freund. Ein Freund, der auch wieder da war, als Schulz nach seinem Entzug einen Neuanfang schaffen wollte.

Seine eigene Buchhandlung nämlich konnte Martin Schulz vor allem deshalb gründen, weil Großmann finanziell einsprang. Der vergaß zwar nicht den Abstieg seines Freundes in den Alkohol, brachte jedoch später Bewunderung dafür zum Ausdruck, mit wie viel Kraft und eigenem Antrieb sich Schulz selbst wieder aus dem Sumpf herausgezogen hatte.

Nun war es so, dass Achim Großmanns Elternhaus in der Kaiserstraße im Zentrum von Würselen stand. Es war schon damals kein ganz neues Haus mehr und musste in jenen Jahren saniert werden. Als die Sanierung abgeschlossen war, bot Großmann dem Freund die Ladenräume im Erdgeschoss für dessen geplante neue Buchhandlung an. Achim Großmann war nicht nur Freund, er war auch Sozialdemokrat und politisch sehr aktiv. Bereits 1971 trat er in die SPD ein, war von 1982 bis 1994 Vorsitzender des SPD-Unterbezirks Aachen und von 1975 bis 1998 Mitglied des Rates der Stadt Würselen. Es blieb aber nicht bei der Arbeit als Kommunalpolitiker, Großmann machte auf bundespolitischer Ebene Karriere: 1987 zog er erstmals in den Bundestag ein, war unter anderem von 1991 bis 1998 wohnungspolitischer Sprecher der SPD-Bundestagsfraktion. Im Oktober 1998 stieg er auf zum Parlamentarischen Staatssekretär beim Bundesminister für Verkehr, Bau- und Wohnungswesen, ab November 2005 beim Bundesminister für Verkehr, Bau und Stadtentwicklung.[56] Großmanns Lebenslauf wird hier deswegen erwähnt, weil er recht eng mit dem von Martin Schulz verbunden ist. Man betrachte etwa das Jahr 1987, das für beide Personen einen wichtigen Schritt mit sich bringt: Großmann zieht erstmals in den Bundestag ein, Schulz wird erstmals Bürgermeister in Würselen. Auch Martin Schulz sieht den Gipfel seiner Laufbahn nicht in der Kommunalpolitik, er würde ebenfalls gerne eine Karriere machen, die über die Kleinstadt-Grenzen hinaus reicht. Nur hat diese Idee einen Haken: Würde er seinen Weg in der Bundespolitik suchen, würde das gleichsam bedeuten, gegen seinen langjährigen Freund, Weggefährten und Helfer in der Not antreten zu müssen – schließlich kommen beide aus demselben Wahlkreis. Das jedoch ist keine Option: Martin Schulz ist dafür ein viel zu loyaler Mensch, wie es sein Bruder einmal ausdrückte.[57]

Wollte Schulz politisch Karriere machen, musste er sich dafür also eine andere Bühne suchen. Und die fand sich gerade einmal 150 Kilometer von Würselen entfernt – in Brüssel, an einem der Arbeitsorte des Europäischen Parlamentes. Denn in den heimischen Wahlkreisen wurden nicht nur Abgeordnete in den deutschen Bundestag gewählt, seit 1979 finden auch Direktwahlen für das Europaparlament statt.

Allerdings stand dieser Weg ebenfalls nicht vollkommen offen. Denn es gab schon einen SPD-Politiker, der sich bei der ersten Direktwahl in das Europäische Parlament wählen ließ: Dieter Schinzel. Der wiederum hatte einen in mehrfacher Hinsicht schillernden Lebenslauf vorzuweisen – der letztlich dann aber den Weg für Martin Schulz bereiten sollte. Der Name Martin Schinzel mag selbst weniger an Politik interessierten Menschen schon einmal begegnet sein, was jedoch vor allem mit einem anderen Mitglied der Familie Schinzel zu tun hat. Es ist Antonio Augusto Schinzel-Tenicolo, ein Bruder Martin Schinzels. Bekannt wurde Antonio Augusto allerdings unter seinem Pseudonym Christian Anders, das er sich für seine musikalische Karriere zulegte. Unter dem Namen veröffentlichte er 1972 mit *Es fährt ein Zug nach nirgendwo* einen der bekanntesten deutschen Schlager überhaupt.

Martin Schinzel dagegen machte nicht durch sein musikalisches Talent Karriere. Er war Politiker und zwar über lange Jahre auch ein sehr erfolgreicher.

Im Jahr 1972 etwa erlangte er in der langjährigen CDU-Hochburg Aachen als erster Sozialdemokrat ein Direktmandat für den

Bundestag, 1986 erhielt Schinzel das Bundesverdienstkreuz. Zu einem Höhepunkt seiner politischen Laufbahn kam es 1990. Damals spitzte sich im Nahen Osten die Golfkrise zu: Am 2. August 1990 ließ der irakische Diktator Saddam Hussein seine Truppen in Kuwait einmarschieren. Außerdem hatte er im Irak mehrere deutsche Bürger als Geiseln nehmen lassen. Daraufhin wurde von deutscher Seite in geheimen Verhandlungen an deren Freilassung gearbeitet. Im Oktober des Jahres schließlich konnte Altkanzler Willy Brandt die Freigelassenen wieder mit nach Deutschland nehmen. So einfach und kurz sich diese Geschichte anhört, so kompliziert war sie hinter den Kulissen tatsächlich. Denn die Bundesregierung war zu jener Zeit sehr stark mit der Wiedervereinigung beschäftigt. Manche Geiseln sagten später Medienberichten zufolge, sie hätten sich fast vergessen gefühlt. In Reden des Bundeskanzlers oder des Bundespräsidenten etwa seien die Geiseln mit keinem Wort erwähnt worden. Das änderte sich allerdings, als eine bestimmte Person auf den Plan trat, wie unter anderem die *Zeit* damals berichtete. Demnach habe es seit der Mission von Dieter Schinzel »für die menschlichen Faustpfänder ›nicht ein Anzeichen gegeben, dass wirklich an dieser Geschichte gearbeitet wird‹«[58]. Auch für die Medien habe das Geisel-Problem lange Zeit nur eine untergeordnete Rolle gespielt.

Im Nachhinein wurde Schinzel zu einer Art Held. Zwar habe im Vordergrund die Person Willy Brandt gestanden, der die Freigelassenen wieder zurück nach Hause brachte, der wahre Strippenzieher sei jedoch der Europaabgeordnete Schinzel gewesen.

Danach schien es für Schinzel und seine Karriere dann auch weiter bergauf zu gehen: 1991 wurde er Vizepräsident der Deutsch-Arabischen Gesellschaft, später stieg er sogar zum Präsidenten dieser Organisation auf, die die wirtschaftlichen, politischen und kulturellen Verbindungen zwischen Deutschland und der arabischen Welt intensivieren will. Doch das war nur die eine Seite im Leben des Dieter Schinzel.

Die andere, dunklere Seite, die bald darauf publik wurde, sorgte letzten Endes dafür, dass Martin Schulz' Weg nach Europa freigemacht wurde. Kurz nach seinem Aufstieg in der Deutsch-Arabischen Gesellschaft wurde bekannt, dass Schinzel als passionierter Spielbankbesucher galt und sich zudem mit Immobilien verspekuliert hatte.[59] All das blieb seinen Parteigenossen nicht verborgen, die SPD gab ihm zunächst Zeit, seine Probleme zu regeln. Was jedoch nicht in dem Umfang gelang, wie sich mancher Weggefährte wohl erhofft hatte. Stattdessen saß der Politiker rund dreieinhalb Jahre nach der von ihm maßgeblich begleiteten Befreiung der Geiseln aus dem Irak wegen des Verdachts der Hehlerei und des Falschgeldhandels in Untersuchungshaft. Worüber natürlich die Medien ausgiebig berichteten. »Schinzel war am vergangenen Freitag mit fünf Komplizen […] festgenommen worden. Dabei wurden Blüten im Nennwert von fünf Millionen Schweizer Franken und eine Pistole sichergestellt«[60], schrieb etwa die *Berliner Zeitung* im Juni 1994.

Der Fall Schinzel zog sich über mehr als zehn Jahre hin. Erst im Jahr 2006 galt der inzwischen als Konkursfall titulierte Vorgang als beendet. Gegen den einst erfolgreichen Politiker blieben nach einer Bilanz des Amtsgerichtes Aachen Forderungen in Höhe von fast drei Millionen Euro bestehen.

Zu diesem Zeitpunkt hatte die Akte Schinzel allerdings nichts mehr mit der Geschichte des Martin Schulz zu tun. Doch die Schwierigkeiten Schinzels waren eben maßgeblich für den Aufstieg des Europapolitikers Schulz.

Seit dem Jahr 1992 sei innerhalb der SPD bekannt gewesen, wie sehr sich Schinzel immer weiter in Komplikationen verstrickt, heißt es in der Biografie von Margaretha Kopeinig.[61] Darin heißt es, Schulz selber habe seinen Genossen daraufhin angesprochen und ihm gesagt, es gehe so nicht weiter – auf diese Weise würde er alle mit in den Abgrund ziehen. Am Ende habe Schulz dann erklärt, er würde gegen Schinzel antreten. Das hat er schließlich tatsächlich getan, und die Abstimmung gewonnen. Die Wahl war insgesamt recht dramatisch verlaufen – nicht nur politisch, sondern auch für Schulz privat. Ehefrau Inge nämlich sei gegen die Kandidatur ihres Mannes gewesen. Vor allem weil der als Europaabgeordneter noch weniger Zeit daheim verbringen können würde. Martin Schulz habe seine Frau dann jedoch gebeten, ihm seinen Wunsch zu lassen, und er habe letztlich mit dem Segen seiner Frau kandidiert.

In der Partei sei er zunächst aber noch auf Widerstand gestoßen, da speziell Freunde Schinzels seine Kandidatur als ungerecht empfunden hätten. Doch bald schon sollte sich zeigen, was geschehen wäre, hätte Schinzel tatsächlich noch einmal kandidiert. Denn mit Schulz' Kandidatur schloss sich im Grunde ein Kreis, der letztlich dann die dunkle Seite im Leben des Dieter Schinzel öffentlich machen sollte. Wenige Wochen vor dem Wahltermin nämlich habe Martin Schulz einen Anruf über sein Autotelefon bekommen. Der Inhalt: Schinzel sei auf einem Autobahnparkplatz festgenommen worden wegen des Verdachts, Falschgeld in Umlauf gebracht zu haben. Am 12. Juni 1994 fand dann schließlich die Wahl zum Europäischen Parlament statt. Die SPD kam nach der Auszählung auf 32,2 Prozent der Stimmen, hatte damit gegenüber der vorherigen Wahl 5,1 Prozentpunkte verloren. Die Union erreichte 38,8 Prozent, konnte sich so um einen Prozentpunkt verbessern.

Schulz übertraf das Ergebnis seiner Partei deutlich. Und auch in der Heimat lief es weiter gut. Denn bei der zeitgleich stattfindenden Kommunalwahl schnitt die Partei des Würselener Bürgermeisters wieder sehr gut ab. Hier verfehlten die Sozialdemokraten nur äußerst knapp die absolute Mehrheit, Martin Schulz konnte sich auf eine weitere Amtszeit als Bürgermeister einrichten.[62] Doch im Laufe der kommenden Jahre sollte sich zeigen, wie richtig Ehefrau Inge mit der Warnung lag, ihr Mann werde als Europaabgeordneter künftig noch weniger zu Hause sein, und damit deutlich weniger Zeit in seiner Stadt verbringen. Denn als Europapolitiker hatte Schulz nun einen völlig neuen Wirkungsbereich, der ihn zunehmend vereinnahmte. Über sein Wirken im Spannungsbereich zwischen Kommunal- und Europapolitik gibt es sehr unterschiedliche Ansichten. Dabei geht es vor allem darum, wie sehr Martin Schulz an welcher Position hängt. So heißt es von seiner Seite, er habe eigentlich schon früh das Amt des Bürgermeisters hinter sich lassen wollen. Später sollte er dazu sagen, es sei im Grunde der größte Fehler seines politischen Lebens gewesen, in den Jahren von 1994 bis 1998 gleichzeitig Bürgermeister und Europaabgeordneter zu sein. Sowieso habe er sich ja eigentlich viel früher zurückziehen wollen, doch seine Parteifreunde hätten ihn bedrängt zu bleiben. Aus Loyalität habe er nachgegeben, schrieb dazu der *Tagesspiegel*.[63] Einer, der ihn besonders bedrängt habe, Bürgermeister zu bleiben, sei der damalige Fraktionsvorsitzende seiner Partei im Rathaus gewesen, der nun ebenfalls von der Zeitung befragt wurde. Zunächst einmal zeigte der Mann sich von Schulz immer noch beeindruckt, beschrieb ihn als einen Menschen mit außergewöhnlichen Antennen, die ihm helfen würden, mit Menschen umzugehen und sie auch zu verstehen. Angesprochen auf den Begriff Drängler reagierte der

Zeitzeuge jedoch recht überrascht. Der *Tagesspiegel* zitierte ihn daraufhin mit diesen Worten: »Wahrscheinlich muss eben einer daran schuld sein, dass Martin Schulz so lange Bürgermeister geblieben ist. Na gut, dann bin ich das eben.«[64] Was jedoch nicht den Eindruck eines überzeugten Eingeständnisses machte.

Schulz hat all das inzwischen übrigens zumindest nach außen hin hinter sich gelassen. Auf seiner Homepage schreibt er über die Jahre mit der Doppelbelastung mittlerweile nur noch: »Die elf Jahre als Bürgermeister und Lokalpolitiker haben meine Begeisterung für Europa geprägt und mich in meiner Überzeugung bestärkt, das Projekt Europa mitzugestalten und weiterzubringen.«[65]

Zumindest hat Schulz schon zu Beginn seiner Zeit als Europaabgeordneter den dritten Bereich hinter sich gelassen, der ihn zunächst noch beschäftigte: den Buchhandel. Die Buchhandlung wurde 1994 von einer Mitarbeiterin übernommen.

Denn seine eigentliche Aufgabe sah er nun verstärkt außerhalb der deutschen Grenzen, bei der Mitgestaltung Europas. Dazu schreibt Schulz auf seiner Homepage weiter: »Dies konnte ich dann ab 1994 als Mitglied des Europäischen Parlaments tun, wo ich vor allem im Menschenrechtsausschuss und dem Innen- und Justizausschuss arbeitete. Mir wurde die Ehre zuteil, ab 2000 der SPD-Fraktion im Europaparlament vorzusitzen und als stellvertretender Fraktionsvorsitzender der europäischen Sozialdemokraten zu agieren.«[66] Nach der Europawahl 2004 sei er zudem zum Fraktionschef der europäischen Sozialdemokraten gewählt worden.

Doch dazu später mehr. Hier sei erst noch einmal auf die späte Phase des Bürgermeisters von Würselen hingewiesen – auf die Zeit, in der das Thema des sogenannten Spaßbades *Aquana* in der Stadt aktuell und äußerst umstritten war. Denn auch das ist ein Punkt, zu dem es deutlich unterschiedliche Sichtweisen gibt. Der

Biografie von Margaretha Kopeinig ist zu entnehmen, dass dieses besagte Spaßbad gar nicht unbedingt im Interesse von Schulz war.[67] Vielmehr war es laut *Tagesspiegel* so, dass die Fraktion nicht mehrheitlich dagegen stimmte und sich Schulz als Bürgermeister nicht gegen die Interessen seiner Partei stellen wollte.[68] Das Blatt zitiert dazu auch den damaligen Anführer der Bürgerinitiative. Der gab an, er fand es »ziemlich fantasievoll, das heute so hinzustellen.«[69]

Doch wie auch immer sich die Realität jener Zeit wirklich gestaltete: Schulz trat 1998 von seinem Amt als Bürgermeister zurück und hinterließ seiner Partei ein schweres Erbe. Bei der folgenden Kommunalwahl verlor die SPD laut dem *Tagesspiegel* 15 Prozentpunkte, alle Direktmandate gingen an die konkurrierende CDU.

Der Aufstieg

Es gibt Menschen, die sagen, Martin Schulz hätte im Grunde jedes Ziel erreicht, das er sich gesetzt hat. Die Ziele, die er noch nicht erreicht habe, an denen arbeite er gerade. Und so ging es für ihn auch im Europaparlament bald vor allem in eine Richtung: immer weiter nach oben. Eine kurze Zusammenfassung einiger Fakten seines Aufstieges hat Schulz selbst auf seiner bereits erwähnten Homepage geliefert.

Doch die Karriere des Martin Schulz lässt sich mitnichten vor allem in Form von Stufen des Aufstieges beschreiben. Es ist vielmehr immer auch die Geschichte eines Mannes, der recht genau weiß, was er will, und der Dinge gerade rückt, wenn sie nicht so sind, wie er sie sich vorstellt. So wurde Schulz am 17. Januar 2012 im ersten Wahlgang mit der erforderlichen Mehrheit zum Präsidenten des Europaparlaments gewählt. Er war also in Europa nun wirklich ganz oben angekommen, doch er war damit, wie es heißt, nicht wirklich zufrieden. Die Rolle des Parlamentspräsidenten habe ihm missfallen, da selbst er so nur Berater für die Runde der mächtigen Staats- und Regierungschefs war. Martin Schulz aber wollte selbst Teil dieser Runde sein. Also machte er Druck und drohte zu protestieren, schrieb etwa die *Tageszeitung*.[70] Sein langjähriger Weggefährte Achim Großmann habe ihn daraufhin gefragt, was er denn machen wolle, wenn die anderen ihn nicht in den erlauchten Kreis hineinließen. Woraufhin Schulz entgegnet habe, dann setze er sich auf einen Stuhl vor den Eingang und lasse sich dabei filmen – das würde den anderen sicher nicht gefallen. »Tatsächlich schafft er es«, so die *taz* weiter, »der Präsident des Parlaments darf seitdem an den Sitzungen teilnehmen.«[71] Großmann sei noch heute von dieser Aktion beeindruckt, er selbst hätte den Mut dazu nicht gehabt.

Etwas wagen, andere Wege gehen, das sollte für Martin Schulz spätestens in seiner Zeit als Europapolitiker fast schon typisch werden. Häufig scheint das aber verbunden mit der Hoffnung, auf diese Weise die Aufmerksamkeit der Öffentlichkeit zu erregen – nicht zuletzt die Öffentlichkeit in seiner politischen Heimat Deutschland. Das ist in der Regel von Brüssel oder Straßburg aus nicht wirklich einfach. Seine Einstellung hat inzwischen sogar Einzug in den offiziellen Lebenslauf des Politikers erhalten, wie etwa in den vom Europaparlament. Dort gibt es nämlich eine Passage mit der Überschrift »Austeilen und Einstecken«, die so beginnt: »Er gilt als ein Mensch, der für seine Überzeugungen einsteht. Das führt auch zu Kritik. Berühmt ist mittlerweile die Beschimpfung Schulz' durch den damaligen italienischen Premierminister Silvio Berlusconi im Jahre 2003.«[72] Tatsächlich war es genau dieser Fall Berlusconi, der Schulz europa- und im Grunde sogar weltweit bekannt machen sollte.

Dahinter verbirgt sich ein Ereignis vom 2. Juli 2003. Silvio Berlusconi hatte im Jahr 2001 zum zweiten Mal die Parlamentswahlen in Italien gewonnen, im Juli 2003 nun übernahm der italienische Ministerpräsident den EU-Vorsitz – und er sorgte umgehend mit einer Rede voller Beleidigungen für Tumulte im Parlament.

Dann kam der Punkt, an dem der damalige SPD-Europaabgeordnete Martin Schulz das Wort ergriff. Er wandte sich allerdings gar nicht einmal direkt an Berlusconi, sondern an den CDU-Abgeordneten Hans-Gert Pöttering. Der habe in geradezu euphorischer Form die Kompetenz der angereisten Ratsbank aus Italien gelobt. Bei der Nennung der einzelnen anwesenden Politiker habe er jedoch einen gewissen Herrn Bossi vergessen. »Die kleinste Äußerung, die dieser Mann macht, ist schlimmer als alles, worüber dieses Parlament gegen Österreich und die Mitgliedschaft der FPÖ in der österreichischen Regierung Beschlüsse gefasst hat.«[73] Zu diesem Zeitpunkt waren Schulz' Äußerungen bereits eine direkte Attacke auf Berlusconi und seine Politiker, Schulz sollte aber noch sehr viel direkter werden: »Sie sind nicht verantwortlich, Herr Ratspräsident, für den Intelligenzquotienten Ihrer Minister, aber verantwortlich für das, was die sagen, sind Sie schon«[74], fuhr er fort. Die Äußerungen von Umberto Bossi, damals Minister für Einwanderungspolitik, die Berlusconi in seiner Rede erwähnt habe, seien in keiner Weise vereinbar mit der Grundrechte-Charta der Europäischen Union. Er als Ratspräsident sei aber aufgefordert, diese Werte zu verteidigen. Schulz weiter: »Dann verteidigen Sie diese Werte gegen Ihren eigenen Minister!«[75]

Doch das war immer noch genug. Denn Silvio Berlusconi stand nicht zuletzt immer wieder dafür in der Kritik, dass er als Medienunternehmer die ihm gehörenden Medien für die eigenen politischen Zwecke einsetze – oder man es ihm zumindest nachsagte. Schulz wies nun auf einen anderen Abgeordneten hin, der gesagt habe, man dürfe den »Virus des Interessenkonfliktes« nicht auf die europäische Ebene heben. Inzwischen sei es aber so, dass man immer in einer schwierigen Situation sei, wenn man über die italienische Ratspräsidentschaft rede. Denn dann heiße es: »Ja, nun seid vorsichtig, dass ihr den Berlusconi nicht kritisiert wegen dem, was er in Italien tut, denn das hat ja hier im Europäischen Parlament nichts verloren. Wieso? Ist Italien nicht Mitglied der Europäischen Union?«, fragt Schulz.[76] Während all dieser Ausführungen in deutscher Sprache saß Silvio Berlusconi scheinbar unbeeindruckt auf seinem Platz, blickte auf ein Blatt Papier und trug Kopfhörer. Doch Martin Schulz war immer noch nicht fertig: »Was gedenken Sie zu tun zur Beschleunigung der Einrichtung einer Europäischen Staatsanwaltschaft?«[77], fragte er weiter. »Was gedenken Sie zu tun zur Beschleunigung des Inkrafttretens des europäischen Haftbefehls? Was gedenken Sie zu tun bei der gegenseitigen Anerkennung von Dokumenten in grenzüberschreitenden Strafverfahren?« Bei all diesen Punkten habe Berlusconi im eigenen Land »ein bisschen« Reformbedarf. Würde Berlusconi eine Reform in Italien durchführen, dann könne der europäische Haftbefehl viel schneller in Kraft treten.

Schulz ergänzte sarkastisch, er freue sich trotzdem, an diesem Tag im Europäischen Parlament diskutieren zu können. Diesen Umstand verdanke er den Versuchen, das Immunitätsverfahren gegen Berlusconi hinauszuzögern – denn hätte der diese benötigte Immunität nicht mehr, dann hätte er nicht anwesend sein können. »Auch das ist eine Wahrheit, die an diesem Tag hier gesagt werden darf«[78], schloss Martin Schulz seine Ausführungen. Insgesamt also war diese Rede ein mehr als deutlicher und auch recht persönlicher Angriff auf einen hochrangigen Politiker beziehungsweise Regierungschef. Das allein hätte schon für viel öffentliche Aufmerksamkeit sorgen können. Doch dass dieser Tag im Europäischen Parlament dann wirklich zu internationaler Resonanz führte, lag nicht in erster Linie an den Ausführungen des Abgeordneten Schulz, sondern an der Antwort von Silvio Berlusconi. Der hatte die Ansprache nämlich mitnichten teilnahmslos an sich vorüberziehen lassen, sondern sah sich offenbar zu einer recht unpassenden Reaktion genötigt. Berlusconi sagte mit einem Lächeln im Gesicht: »Herr Schulz, ich weiß, dass in Italien ein Filmproduzent gerade einen Film schneidet über Konzentrationslager der Nazis: Ich werde Sie für die Rolle des Kapo vorschlagen. Sie sind perfekt.«[79] Damit waren Berlusconis Ausführungen zwar noch nicht beendet, aber im Grunde war alles gesagt, was die Rede unvergessen machen sollte. Vor allem waren jene Worte gesagt, die Schulz endgültig bekannt machen sollten. Er war von nun an der Deutsche, »der Berlusconi zum Platzen brachte«.

Die Debatte im Europäischen Parlament allerdings war damit an jenem Tag immer noch nicht an ihrem Ende angelangt. Denn nach Berlusconi war nun wieder Martin Schulz an der Reihe. Und es ist ihm hoch anzurechnen, dass er nicht in gleichem Stil auf Berlusconis Beleidigung antwortete. Er halte es allerdings für problematisch, wenn ein EU-Ratspräsident schon bei einer solchen Debatte »seine Contenance in dieser Art verliert«.

Und Schulz äußerte noch etwas, das nicht unterschlagen werden sollte: Sein Respekt vor den Opfern des Faschismus verbiete es ihm, auf Berlusconis Ausführungen auch nur mit einem Wort einzugehen.[80] Inzwischen hatte möglicherweise auch der italienische Ministerpräsident bemerkt, dass er den falschen Ton angeschlagen hatte. Sodass er nun den Spieß umdrehte: Martin Schulz tue ihm leid, weil der die Ironie in Berlusconis Worten nicht erkannt habe beziehungsweise keine Ironie verstehe. Seine Aussage nahm Berlusconi damit jedoch nicht zurück – denn er sei ja zuvor selbst auch beleidigt worden. Schulz habe ihn mit seinen Ausführungen nämlich tatsächlich ernsthaft angegriffen, wobei er selbst darauf nur ironisch regiert, sagte Berlusconi. Doch mit dieser Interpretation stand der Italiener recht allein da. Was sich auch in der Form zeigte, dass die meisten Abgeordneten demonstrativ lange applaudierten und sich auf diese Weise hinter ihren deutschen Kollegen stellten.

Man kann aus heutiger Sicht mit relativer Sicherheit behaupten, dass sich Martin Schulz an jenem Tag nicht bewusst war, welche Folgen und Reaktionen der Streit zwischen ihm und Berlusconi auslösen sollte. Außerdem kann man vermuten, dass der gesamte Vorgang Martin Schulz und sein politisches Handeln bis heute prägt. Denn der ehemalige Buchhändler und Europaabgeordnete war zwar inzwischen fast zehn Jahre im Europäischen Parlament aktiv und auch angesehen, in Deutschland allerdings kannte ihn immer noch kaum jemand. Wird dort über Politiker gesprochen, dann eben meist über jene, die Bundestagsabgeordnete oder vielleicht sogar Bundesminister sind.

Genau denen hatte er nun aber zumindest kurzfristig den medialen Rang abgelaufen. So berichtete etwa *Die Welt* am 4. Juli 2003 unter der Überschrift »Der Mann, der Berlusconi aus der Fassung brachte: Martin Schulz« über die Folgen des denkwürdigen Tages.[81] Und zwar in Form eines Porträts über den Mann aus Würselen – denn der sei »zurzeit der gefragteste Mann im Europaparlament«. Er habe Italiens Regierungschef Silvio Berlusconi aus der Fassung gebracht, zu inakzeptablen Beleidigungen getrieben. Und habe damit ein Echo hervorgerufen, wie es dem Europaparlament selten gelinge. Das Foto des Martin Schulz prangte auf den Titelseiten nicht nur deutscher, sondern auch europäischer und internationaler Zeitungen. Schulz hatte es zudem in die abendlichen Hauptnachrichten der öffentlich-rechtlichen Sender ARD und ZDF geschafft, sogar der amerikanische Nachrichtensender CNN berichtete über ihn. Was an dem nicht spurlos vorüberging. Denn ein Martin Schulz neigt zwar nicht zu offensichtlichen Eitelkeiten, geschmeichelt hat ihm die breite Aufmerksamkeit dann aber wohl doch. Er schwebe im Grunde auf Wolke sieben, soll ein enger Vertrauter den Reportern der *Welt* mitgeteilt haben. Die spannten in ihrem Porträt zudem gleich auch einen größeren Bogen, versuchten die Folgen des Disputs international einzuordnen. Der Eklat in Europas Volksversammlung lasse Deutsche, Franzosen, Spanier nachfragen, was dieser Silvio Berlusconi eigentlich für ein Politiker sei, was seine Entgleisungen für die EU bedeuten könnten, und in wessen Händen die Geschicke der EU in den kommenden sechs Monaten lägen, in denen Berlusconis Italien die Ratspräsidentschaft innehatte.

Was Schulz vor dieser Straßburger Sitzung tatsächlich im Schilde führte, ist nicht ganz klar. »Im Europaparlament gilt er als engagierter, manchmal spitz und gelegentlich schnodderig formulierender Redner, humorvoll und mit einer gehörigen Portion Mutterwitz ausgestattet«, schrieb *Die Welt* weiter.[82] Er trete nicht auf wie ein Heiliger, was auch seine politischen Gegner wüssten, die ihn nichtsdestotrotz achten würden. Dass der Mann nicht nur Europapolitiker sei, sondern auch in der SPD-Bundespartei als Mitglied des Bundesvorstands eine Rolle spiele, sei der breiten Öffentlichkeit kaum bekannt.

Der 2. Juli 2003, orakelte das Blatt schon damals, werde in Martin Schulz' Parlamentarierkarriere eingehen. Vor allem auch aus dem Grund, weil der auf den unsäglichen KZ-Vergleich Berlusconis so kühl und besonnen reagiert habe. Gerade diese Beherrschung seiner Emotionen habe ihm Respekt eingebracht und gleichermaßen den als mediengewandt geltenden Berlusconi vollständig ins Abseits gestellt. Schulz habe dem europäischen Parlament an diesem Tag zumindest vorübergehend ein neues Gesicht gegeben – nämlich sein eigenes.

Zwischen dem Abschied des einstigen Bürgermeisters aus der Kommunalpolitik und dem Eklat in Straßburg im Jahr 2003 liegen viele Veränderungen, die in gewissem Maße sicher auch Martin Schulz und dessen politische Haltung beeinflusst haben dürften. Denn im Jahr 1998 legte nicht nur Martin Schulz das Amt des Bürgermeisters endgültig nieder und beschäftigte sich künftig vor allem mit Europa. In Deutschland ging fast gleichzeitig eine Ära zu Ende: Im Jahr 1982 war Helmut Kohl Bundeskanzler geworden und es sechzehn Jahre lang geblieben. Bis er auf einen Gegenkandidaten traf, der diese oft als bleierne Zeit beschriebene Phase beendete. Gerhard Schröder trat bei der Bundestagswahl des Jahres 1998 als Kanzlerkandidat der Sozialdemokraten an und wollte Kohl in dessen Amt beerben. Was schließlich gelang: Das Ergebnis der Bundestagswahl 1998 bedeutete ein Novum in der Geschichte der Bundesrepublik: Erstmals wurde eine Regierung komplett abgewählt und erstmals erhielten die Parteien, die sich traditionell als »links der Mitte« einstuften, mehr als 50 Prozent der Stimmen. Im Ergebnis konnte Schröder die erste rot-grüne-Koalition auf Bundesebene bilden. Da nun zum ersten Mal Vertreter der neuen sozialen Bewegung an die Regierung gelangten, sprach man vom »Projekt Rot-Grün«, das einen Wandel in der politischen Kultur Deutschlands verkörpern sollte.

Dieses rot-grüne-Projekt sollte schließlich auch die politische Arbeit von Martin Schulz beeinflussen. Während die SPD als Partei anfangs noch Aufwind hatte, wehte der Wind der neuen Regierung bald direkt ins Gesicht. Die Bürger und die Medien waren unzufrieden mit der Politik der neuen Bundesregierung. Hinzu kamen interne Streitigkeiten zwischen einigen Hauptakteuren der Regierung.

In diesem Zusammenhang ist weiter zu erwähnen: Laut Schulz-Biografin Margaretha Kopeinig übernahm Martin Schulz im Jahr

1998 die Koordinierung des Wahlkampfes der SPD-Europa-abgeordneten.[83] Er sei damit im Jahr 1999 faktisch auch der Leiter des gesamten SPD-Wahlkampfes auf Bundesebene gewesen. Diese Europawahl war die nunmehr fünfte Direktwahl der deutschen Abgeordneten zum Europäischen Parlament, und sie sollte am 13. Juni 1999 stattfinden. Was vor einer derartigen Wahl natürlich immer äußerst unangenehm ist, das sind negative Schlagzeilen aller Art über die eigene Partei. Dummerweise häuften sich aber genau die rund drei Monate vor der Wahl.

Zwischen Bundeskanzler Gerhard Schröder und Bundesfinanzminister Oskar Lafontaine war es zu etwas gekommen, das man gelinde als Meinungsverschiedenheiten zusammenfassen kann. Die allerdings waren nicht oberflächlich, sondern sehr tiefgehend. So tiefgehend, dass Lafontaine plötzlich seinen Rücktritt erklärte. Fortan äußerten sich die Medien mit kaum mehr einem Wort zur Europapolitik, sondern sezierten den Streit der beiden Politiker ausgiebig und mit spürbar großer Lust.

Für Schulz sollte der 11. März 1999 als Tag des medienwirksamen Rücktritts Lafontaines laut Kopeinig zu einem unvergesslichen Datum werden – und vor allem auch zum Sinnbild eines politischen Desasters. In der Partei gab es sowohl Anhänger Lafontaines als auch Befürworter der Linie des Kanzlers Schröder, wobei Martin Schulz als ausgewiesener Schröder-Mann galt. Ein Schröder-Mann allerdings, der nun miterleben musste, wie der Kanzler immer weiter in die Defensive geriet, während ein Anhänger Lafontaines Bundesgeschäftsführer der Partei wurde.

Martin Schulz habe zu dieser Zeit in seinem Wahlkampf-Hauptquartier in Bonn gesessen – quasi zwischen dem Kanzleramt auf der einen und der Bundesparteizentrale auf der anderen

Seite, wobei letztere sich wegen des anstehenden Umzugs nach Berlin bereits zusehends leerte.

Immerhin wusste Schulz weiterhin seinen Vertrauten Markus Winkler an seiner Seite, der später sein Kabinettschef als Parlamentspräsident werden sollte. Ohne den hätte Schulz laut Kopeinig in dieser Phase sogar das gesamte Wahlkampfmanagement aufgegeben. Schon vor Lafontaines Rücktritt sei Schulz im Grunde verzweifelt gewesen: Für die Europawahl habe sich kein Mensch interessiert, zudem habe man die SPD auch abgeschrieben als eine Partei, die angesichts der öffentlichen Stimmung ohnehin nur verlieren könne.

Mit dem Rücktritt Lafontaines von allen Ämtern sei dann auch noch der Parteichef abhandengekommen, mit dem man am ehesten hätte einen Europa-Wahlkampf bestreiten können. Schließlich habe Lafontaine damals noch als glühender Europäer gegolten. Insgesamt sei die Lage damals grausam gewesen.

Als nach der Stimmauszählung im Juni des Jahres die Ergebnisse vorlagen, wurde die Stimmung kaum besser. Schon bei der Europawahl 1994 hatte die SPD fünf Prozentpunkte verloren, dass sie nunmehr nur noch um 1,5 weitere Punkte absackte, konnte jedoch nur auf den ersten Blick als tröstlich empfunden werden. Denn auf der anderen Seite konnte die Union Zuwächse von 9,9 Prozentpunkten verbuchen, während die Grünen als Koalitionspartner im Bund ebenfalls 3,7 Prozent der Stimmen verloren.

Den weiteren Aufstieg des Martin Schulz auf der europäischen Bühne allerdings verhinderte das nicht, und es verhinderte auch nicht weitere denkwürdige Auftritte des deutschen Europäers.

An der Spitze

Martin Schulz zog 1994 und 1999 in das Europäische Parlament ein und er setzte diese Serie in den Jahren 2004 und 2009 fort. Jede dieser Legislaturperioden ist dabei von den Ereignissen sowie von den Funktionen geprägt, die Schulz ausübte. Machte ihn die zweite Legislaturperiode über den Umweg Silvio Berlusconi international bekannt, übernahm er nach der dritten Wahl im Jahr 2004 den Vorsitz der Fraktion der Europäischen Sozialdemokraten. Was allerdings nicht gänzlich kampflos geschah. Denn er war nicht die einzige Person, die für diesen Vorsitz kandidierte – vielmehr trat sein Parteigenosse Willi Piecyk gegen ihn an, konnte sich jedoch nicht durchsetzen.

Doch auch von anderer Seite wird opponiert: So stellt sich die französische Delegation als größte sozialdemokratische Fraktion im Europäischen Parlament ebenfalls gegen Schulz – vor allem die französische Politikerin Pervenche Berès will seinen Vorsitz verhindern. Es brodelt also in den Reihen der europäischen Sozialdemokraten. Doch unter diesen Sozialdemokraten gibt es eben einen Martin Schulz. Und der gilt als einer von den Politikern, die genau wissen, wie man Machtspiele für sich entscheidet.[84] Denn nun konnte er die Linie vorgeben und war außerdem Mitglied der Konferenz der Präsidenten, das höchste Gremium in der Parlamentsstruktur. Kurz gesagt, spielte Schulz nunmehr wirklich ganz oben mit.

Inzwischen hatte er außerdem international für so viel Aufmerksamkeit gesorgt, dass er auch entsprechende Ehrungen erhielt. So wurde ihm 2006 das »Große Goldene Ehrenzeichen mit dem Stern« für Verdienste um die Republik Österreich verliehen, im Jahr 2010 eine der höchsten Auszeichnungen Frankreichs, was seiner Partei, der SPD, eine eigene Pressemitteilung wert war. Darin hieß es, der Vorsitzende der Sozialdemokratischen Fraktion im Europäischen Parlament werde mit dem Orden eines »Offiziers der französischen Ehrenlegion« ausgezeichnet. Der damalige französische Staatspräsident Nicolas Sarkozy werde Schulz den Orden persönlich überreichen, die Zeremonie finde im Amtssitz des französischen Präsidenten, dem Élysée-Palast, statt.[85] Mit der Auszeichnung würde Frankreich Schulz' langjährigen Einsatz für die deutsch-französische Freundschaft würdigen. Diesem Engagement habe Martin Schulz sich in allen seinen politischen Funktionen immer gewidmet, hieß es weiter. »Hervorgehoben wird dabei vor allem der intensive deutsch-französische Kontakt während der jeweiligen EU-Ratspräsidentschaft der beiden Länder.«[86]

Zusätzlich gab es noch eine weitere Ehrung, die aus heutiger Sicht wohl besonders bemerkenswert ist. Zumal Martin Schulz ja inzwischen bekanntlich Kanzlerkandidat seiner Partei für 2017 ist. In diesem Zusammenhang wird immer wieder die eine Frage gestellt: Ob eine Person, die ihre Schulausbildung ohne Abitur abgeschlossen hat, überhaupt für dieses Amt geeignet ist. Bereits vor fast zehn Jahren, im Jahr 2009 wurde diese Frage gewissermaßen an anderer Stelle beantwortet. Denn bekanntlich darf im Grunde nur jemand, der Abitur gemacht, studiert und schließlich promoviert hat, einen Doktortitel tragen. Die Technische Universität Kaliningrad aber hielt den Nicht-Abiturienten und Niemals-

Studenten Martin Schulz eines Doktortitels durchaus für würdig und verlieh ihm 2009 die Ehrendoktorwürde. Der Fraktionschef der Sozialdemokraten im EU-Parlament erhielt die Ehrung für seine »hohen Verdienste bei der Förderung der internationalen Zusammenarbeit zwischen der KGTU (Kaliningrader Staatliche Technische Universität) und der Europäischen Union«,[87] wie es in der offiziellen Urkunde heißt. Dazu ist noch anzumerken, dass dieser Titel nicht etwa einfach so und unter Ausschluss der Öffentlichkeit verliehen wurde – die Verleihung war vielmehr ein Medienereignis. Dessen Stellenwert wurde außerdem dadurch unterstrichen, dass niemand Geringeres als Altbundeskanzler Gerhard Schröder die Laudatio hielt. Der würdigte »seinen Freund« Martin Schulz als einen der profiliertesten Europapolitiker Deutschlands: »Ich wüsste keinen besseren Kenner der manchmal ja schwer zu vermittelnden europäischen Politik«[88], lobte Schröder. Martin Schulz habe sich mit seiner politischen Arbeit in besonderem Maße um die europäisch-russischen Beziehungen verdient gemacht, unter anderem durch Mitwirkung am Kaliningrad-Bericht der Europäischen Kommission: »Dieser Bericht lieferte neue Anstöße für die Zusammenarbeit zwischen Russland und der Europäischen Union nach der EU-Erweiterung«, so Schröder. Es ist sicher nicht übertrieben zu sagen, dass es so gut wie keine Schulabsolventen ohne Abitur gibt, die sich ganz offiziell mit einem Doktortitel schmücken dürfen. Von ihnen dürfte nur ein Bruchteil Arbeiten vorzuweisen haben, die über Staatsgrenzen hinweg für Aufmerksamkeit gesorgt und ihnen derartige Anerkennung eingebracht haben.

Nach und nach wurden Ehrungen für Schulz in jenen Jahren zu einer Art von Selbstverständlichkeit und sie kamen bald nicht mehr nur aus Politik beziehungsweise Wissenschaft. Im

Jahr 2012 etwa sollte ihn die Zeitschrift »GQ« ehren – die sich selbst als »Männermagazin für Style und Anspruch« bezeichnet. Die *GQ* kürt jährlich im Rahmen einer Abendgala die *GQ Männer des Jahres*. Nominiert werden dabei herausragende Persönlichkeiten aus dem internationalen und deutschen Show- und Musikgeschäft sowie aus Gesellschaft, Sport, Kultur und Mode. Zu den bisherigen Preisträgern zählen der Schauspieler Nicholas Cage, Modedesigner Tom Ford oder auch der Journalist Stefan Aust.

Im Jahr 2012 nun wurde Martin Schulz Mann des Jahres in der Kategorie Politik. Die Redaktion begründete ihre Entscheidung. »Schulz ist nicht nur der Repräsentant der größten Volksversammlung unseres Kontinents, sondern auch ein streitbarer und im besten Sinne unbequemer Politiker«[89], begründete *GQ*-Chefredakteur José Redondo-Vega die Award-Vergabe. Es gelinge Schulz, dem stereotypen Klischee des EU-Technokraten eine volksnahe, engagierte Alternative entgegenzusetzen. Denn er spreche auch als Präsident Klartext und nenne die Probleme der EU beim Namen.[90]

In der Zwischenzeit nämlich hatte Martin Schulz auf europäischer Ebene immer wieder in unterschiedlichen Zusammenhängen von sich reden gemacht. So erreichte Schulz nach der Europawahl des Jahres 2009 einmal mehr öffentliche Aufmerksamkeit: Er verhinderte eine schnelle Zustimmung seiner Fraktion zu einer zweiten Amtszeit der sogenannten Kommission Barroso hinter EU-Präsident José Manuel Barroso, die im Jahr 2004 die Arbeit aufgenommen hatte. Stattdessen brachte er zusammen mit dem grünen Fraktionsvorsitzenden Daniel Cohn-Bendit den liberalen Belgier Guy Verhofstadt als Kandidaten für das Amt ins Spiel. Später allerdings lockerte Schulz seinen Widerstand – er forderte nun von Barroso nur noch, auf bestimmte politische Bedingungen der Sozialdemokraten einzugehen.[91]

Im Jahr 2010 wiederum kam es zu einem Vorfall, der in gewisser Weise die Auseinandersetzung mit Silvio Berlusconi fortsetzte – nur unter anderen Vorzeichen. Wieder einmal handelte es sich um eine Situation, die sich bei einer Debatte des Europäischen Parlaments ergab. Schulz sprach davon, dass es in Europa nicht die von anderen beschworene Eintracht gebe, sondern dass die EU vielmehr in drei Teile zerfalle: In das deutsch-französische Direktorium, den Rest der Eurozone und den Teil, der nicht in die Eurozone fällt, mit einer Sonderstellung für das Vereinigte Königreich Großbritannien. Das sei die Realität in Europa. Bemerkenswert ist das auch vor dem Hintergrund, dass 2010 von dem später zum geflügelten Begriff gewordenen Brexit noch gar nicht die Rede war. Doch bereits zu dieser Zeit hatte die Situation in Europa laut Schulz nichts mehr mit Gemeinschaftsgeist zu tun. Auf Dauer werde diese Zerrissenheit stattdessen die Europäische Union zerstören – und er fürchte, mancher habe genau daran ein Interesse. Wer das nicht unterstützen wolle, der müsse Europa in eine andere Richtung lenken.

Schulz setzte seine Ausführung unter anderem mit deutlichen Angriffen auf Großbritannien fort. Bis zu jenem Moment, der Schulz ein weiteres Mal öffentliche Aufmerksamkeit sichern sollte. Plötzlich erklang nämlich aus dem Hintergrund die Stimme eines Briten, der einige deutsche Worte aussprach, die schwer verständlich waren. Martin Schulz allerdings hatte verstanden, und wiederholte die Worte nun, wie er sagte, für die Übersetzer: Der Mann im Hintergrund hatte gesagt: »Ein Volk, ein Reich, ein Führer«. Diese Worte kamen von dem euroskeptischen britischen Politiker Godfrey Bloom. Der wurde nun aufgefordert, sich für seine Wortwahl zu entschuldigen. Was er jedoch nicht in der erwarteten Form tat. Vielmehr stand Bloom von seinem Sitzplatz auf und sprach in das Mikrofon, Schulz sei ein »undemocratic fascist«, ein undemokratischer Faschist also. Bloom wurde daraufhin aufgefordert, die Räume des Straßburger Parlamentes zu verlassen und ging dann auch aus dem Saal. Der Vorfall, der ganz offensichtlich eine gewisse Schlagzeilen-Tauglichkeit hatte, wurde von den Medien bereitwillig aufgegriffen. So schrieb etwa die *Süddeutsche Zeitung*: »Sieben Jahre, nachdem ihn Silvio Berlusconi mit einem KZ-Aufseher verglichen hat, ist der SPD-Abgeordnete Martin Schulz erneut Ziel eines Nazi-Vergleichs geworden.«[92] Wieder sei die Aufregung groß gewesen und wieder wolle sich der Urheber nicht entschuldigen. *Spiegel Online* schrieb: »›Ein Volk, ein Reich, ein Führer‹ – mit dieser Nazi-Parole hat der britische EU-Abgeordnete Godfrey Bloom für Empörung im Europaparlament gesorgt.«[93] Dieser Angriff richte sich offenbar gegen Martin Schulz und war nicht die erste Beschimpfung dieser Art, denn schon Berlusconi habe den SPD-Abgeordneten als Nazi beschimpft.

Doch letztlich war diese Situation nur eine Randnotiz auf dem Weg des Martin Schulz nach ganz oben in Europa. Denn nachdem er gefordert hatte, eine zweite Amtzeit der Kommission Barroso zu verhindern, kam es zu einer informellen Einigung zwischen der konservativen und der sozialdemokratischen Fraktion. Anschließend sollte Schulz im Jahr 2012 dem Polen Jerzy Buzek als Präsident des Europäischen Parlamentes nachfolgen. Anfang Juni 2011 kündigte Schulz formell an, für dieses Amt zu kandidieren. Was einmal mehr zu einer Berichterstattung über Martin Schulz in den deutschen Medien führte. Dessen Ambitionen auf das Amt, so die *Frankfurter Allgemeine Zeitung* am 7. Juni 2011,

»sind seit Jahren in Brüssel bekannt, so dass die Ankündigung nicht überraschend kam.«[94]

Schulz habe erklärt, er wolle das Europaparlament in der gegenwärtigen schwierigen Lage zu einem Ort machen, der die Integrationsidee verteidige. Derzeit gäbe es nämlich enorme Kräfte, die den solidarischen Gedanken abschaffen wollten. »Wir brauchen aber nicht weniger, sondern mehr Europa«, sagte Schulz laut der *FAZ* weiter. Nur so könne die EU im »interkontinentalen Wettbewerb« mit Ländern wie China bestehen.

Am 17. Januar 2012 wurde Schulz im ersten Wahlgang mit der erforderlichen Mehrheit zum Präsidenten des Europaparlaments gewählt. In seiner Antrittsrede warnte Schulz, dass »zum ersten Mal seit ihrer Gründung ein Scheitern der Europäischen Union zum realistischen Szenario werde«. Als Parlamentspräsident wolle er sich dem Trend der Gipfelfixierung und der Renationalisierung entgegenstellen. Das Parlament solle als Ort der Demokratie und der kontroversen Debatte über die Richtung der Politik in der EU stärker sichtbar und hörbar werden. In diesem Zusammenhang machte Schulz außerdem eine Kampfansage: »Ich werde ein Präsident sein, der den Respekt der Exekutiven vor dem Parlament, wenn nötig, erstreitet, der sich anlegt, wenn die Interessen der Bürger gefährdet werden.«[95] Als Präsident werde er starke Abgeordnete vertreten, die sich für die Anliegen ihrer Bürger einsetzen. Er werde zudem alles dafür geben, das verloren gegangene Vertrauen der Menschen in den europäischen Einigungsprozess zurückzugewinnen und wieder Begeisterung für Europa zu wecken.[96] An diesem Tag aber konnte niemand ahnen, dass der in der Krise steckenden Europäischen Union schon bald eine ganz andere seltene Ehre zuteil werden sollte. Denn noch im Jahr 2012 wurde der EU einer der wichtigsten Preise der Welt verliehen. Im

November des Jahres wurde verkündet, dass der Friedensnobelpreis an die Europäische Union gehe. Der Chef des Nobelpreis-Komitees Thorbjørn Jagland begründete die Entscheidung damit, dass die EU über sechs Jahrzehnte entscheidend zur friedlichen Entwicklung in Europa beigetragen habe. Laut *Spiegel Online* wolle die EU trotz der wirtschaftlichen Lage und der sozialen Unruhen den Frieden und die Demokratie als wichtigste Ziele für die Union im Auge behalten.[97]

Zur Verleihung des Nobelpreises aber gehört nicht nur die bloße Ankündigung, sondern letztlich ebenfalls die entsprechende Zeremonie in Stockholm. Die wiederum sollte zum nächsten Höhepunkt in der Laufbahn von Martin Schulz werden. Stellvertretend für die 27 Mitgliedsstaaten nahmen nämlich Ratspräsident van Rompuy, Kommissionspräsident Barroso und Parlamentspräsident Schulz die Auszeichung gemeinsam entgegen. Das war natürlich auch für Martin Schulz eine besondere Ehre. Manche Medien allerdings beschäftigten sich mit der Preisverleihung vor allem in der Form, dass sie nun die lange Vorgeschichte des Politikers möglichst prägnant für das Massenpublikum zusammenfassten. So wies die *Bild* schon damals auf das Ende der Schulzschen Fußballerkarriere infolge einer Verletzung hin und auf dessen späteren Absturz in den Alkoholismus.[98]

Doch abgesehen davon nahm die Karriere des Martin Schulz im zweiten Jahrzehnt des immer noch recht neuen Jahrhunderts weiter Fahrt auf. Bei dem Parteitag der SPD im September 2013 wurde er mit knapp 98 Prozent zum Europabeauftragten gewählt. Er erzielte mit Abstand das beste Ergebnis des neuen SPD-Vorstands. Am 1. März 2014 wurde Schulz auf dem Kongress der Europäischen Sozialisten mit 91,1 Prozent der Stimmen zum gemeinsamen Spitzenkandidaten für die Europawahl 2014 gewählt.

Zu diesem Zeitpunkt stand Schulz erneut im Mittelpunkt eines Skandals beziehungsweise einer Kontroverse. Dieses Mal jedoch ging es nicht darum, was andere zu Schulz gesagt hatten, vielmehr ging es um seine eigenen Äußerungen.

Am 12. Februar 2014 hatte Schulz vor dem israelischen Parlament, der Knesset, eine Rede gehalten. Zwar spricht der Autodidakt Schulz inzwischen neben Deutsch auch fließend Englisch, Französisch, Italienisch, Spanisch und Niederländisch.[99] Die Rede in der Knesset allerdings hielt er in seiner deutschen Muttersprache. Doch das sollte letzten Endes nicht der Grund für die Aufregung sein, die diese Rede auslöste – vielmehr erregten die Inhalte die Gemüter. Denn Schulz thematisierte unter anderem den israelischen Siedlungsbau sowie die Beziehung zwischen Israel und Palästina. In diesem Zusammenhang erwähnte er zudem Aussagen junger Menschen, die er zwei Tage zuvor in der Stadt Ramallah getroffen hatte: Er habe dort mit Menschen gesprochen, die wie junge Menschen überall auf der Welt eine Ausbildung machen, studieren, reisen, eine Arbeit finden und eine Familie gründen wollen. Sie hätten aber auch einen Traum, der für die meisten jungen Menschen selbstverständlicher Alltag ist: Nämlich frei in ihrem eigenen Land zu leben – frei von Gewalt, ohne Beschränkung ihrer Bewegungsfreiheit. Das palästinensische Volk habe wie das israelische Volk ein Recht darauf, seinen Traum von einem eigenen, lebensfähigen und demokratischen Staat zu erfüllen. Die Palästinenser hätten genauso wie Israelis ein Recht auf Selbstbestimmung und Gerechtigkeit.

Bis zu diesem Punkt hatte Schultz zwar Sätze gesagt, die nicht jeder Israeli gerne hört, die wirklich umstrittenen Worte folgten jedoch erst jetzt: »Eine der Fragen dieser jungen Menschen, die mich am meisten bewegt hat – wobei ich die genauen Zahlen nicht nachschlagen konnte –, war: Wie kann es sein, dass Israelis 70 Liter Wasser am Tag benutzen dürfen und Palästinenser nur 17?«, fragte Schulz, bevor er seine Rede weiter fortsetzte.[100] Nach eben diesen Worten aber verließ die gesamte Fraktion der nationaljüdischen Regierungspartei tumultartig den Sitzungssaal. Ein Minister nannte die Ansprache eine verlogene Moralpredigt, eine weitere Ministerin zeigte sich entrüstet. Auch in Deutschland wurde die Rede kontrovers diskutiert. Alles in allem habe Schulz zwar versucht, eine ausgewogene Rede zu halten. Er sei dann jedoch Opfer der eigenen Unwissenheit und Tollpatschigkeit geworden, hieß es in einem Blog der *Welt*.[101] *Spiegel Online* wiederum schrieb, Schulz habe eingeräumt, die von ihm genannten Zahlen nicht überprüft zu haben. Es sei für einen der höchsten Vertreter der EU nicht sehr souverän, mit ungeprüften Zahlen vor die Knesset zu treten. Gleichzeitig sei es jedoch maßlos überzogen, ihn deshalb der Lüge zu bezichtigen. Denn im Grundsatz habe Schulz recht. Es sei unstrittig, dass Israelis weit mehr Wasser pro Kopf zur Verfügung stünde als den Palästinensern.[102] Nur mit den tatsächlichen Zahlen sei es eben so eine Sache. Am Ende sollte aber auch dieser vermeintliche Skandal eine Randnotiz bleiben, die bald nur noch Insidern oder Chronisten in Erinnerung war.

Abschied und Neuanfang

Zu den bemerkenswerten Ereignissen im Leben des Martin Schulz, die überraschenderweise bald wieder vergessen waren, kommt ein weiterer Vorfall während seiner EU-Präsidentschaft. Das Ereignis datiert auf das Jahr 2016 – und dieses Mal wurde weder Schulz selbst persönlich angegriffen, noch waren seine eigenen Äußerungen umstritten. Vielmehr ging es diesmal um Griechen und Türken, beziehungsweise um die Abneigung einiger Politiker der einen gegen die der anderen Nationalität.

Genauer gesagt hatte der fraktionslose Abgeordnete Eleftherios Synadinos von der ebenso rechtsextremen wie ausländerfeindlichen griechischen Partei »Goldene Morgenröte« in der Debatte »den Türken« im Allgemeinen als »Barbaren« tituliert und als »Dreckskerl« beschimpft.

Der EU-Parlamentspräsident griff daraufhin zu einer ungewöhnlichen Maßnahme, wie er dem Parlament via Mikrofon mitteilte. Diese Maßnahme sei allerdings zur Wahrung der Würde des Hauses unvermeidlich – er würde einen Abgeordneten des Saales verweisen. Schulz begründete dies damit, es habe am Morgen einen Zwischenfall gegeben, von dem er glaube, das Europäische Parlament könne darauf »nicht nicht reagieren«.[103] Vielmehr sei eine Reaktion zwingend erforderlich. Zur Bekräftigung zitierte Schulz den Satz des besagten Politikers, der für nicht akzeptabel gehalten wurde. Er lautete: »Wie osmanische Wissenschaftler geschrieben haben – die Türken sind geistige Barbaren, gottesverachtend, Schwindler und schmutzig. Der Türke isst wie der Hund, der den Wilden spielt, aber wenn er gegen den Feind zu kämpfen hat, davonläuft. Der einzige effektive Weg, mit den Türken umzugehen, ist die Faust und Entschlossenheit.«[104] Dieser Satz, so Schulz, stelle eine schwerwiegende Verletzung der Grundwerte der Union dar. Die Abgeordneten reagierten auf seine Aussage mit anhaltendem Applaus. Solche Äußerungen, fuhr Schulz fort, könnten als Versuch gewertet werden, den Rassismus im Parlament salonfähig zu machen – der Abgeordnete wurde daher nun von der Sitzung ausgeschlossen, er solle den Saal verlassen. Auch diese Ansage wurde vom Applaus der Abgeordneten begleitet. Dieser Vorfall ist einmal mehr im Grunde nur eine Randnotiz und mittlerweile in der Öffentlichkeit nahezu vergessen. Dass er hier erwähnt wird, hat jedoch einen Grund: Er ist ein weiterer Beweis dafür, dass ein Martin Schulz sich auf den oberen Stufen der Karriereleiter nicht davon abhalten ließ, zu seinen Überzeugungen und denen der Sozialdemokraten allgemein zu stehen.

Nur war das mit der Karriereleiter zu diesem Zeitpunkt so eine Sache. Der Vorfall aus dem EU-Parlament ereignete sich am 9. März 2016. Damals war im Grunde bereits klar, dass besagte Karriereleiter in Straßburg oder Brüssel kaum weitere Sprossen für Schulz bot. Am 1. Juli 2014 war der Sozialdemokrat mit 66,8 Prozent erneut zum Präsidenten des Parlaments gewählt worden. Dies allerdings geschah auch aufgrund einer geheimen Vereinbarung mit dem CSU-Politiker Manfred Weber, die am 10. Januar 2017 veröffentlicht wurde – sie sicherte Schulz die Unterstützung der konservativen EVP-Fraktion bei der Wahl. Zu der Abmachung gehörte aber auch die Zusage der Sozialdemokraten ihrer Unterstützung eines konservativen Nachfolgers zur Hälfte der Legislaturperiode.[105]

Über diese Vereinbarung zwischen EVP und der Fraktion der Sozialdemokraten, Sozialisten und den Liberalen sei schon länger spekuliert worden. Doch alle Seiten hielten die Absprachen unter Verschluss. Inhaltlich ging es nämlich nicht nur um die Nachfolge des Parlamentspräsidenten, sondern die drei Fraktionen sagten sich auch allgemein gegenseitig Unterstützung bei der Besetzung von Parlamentsposten zu. »Sie stimmen überein, dass die S&D-Gruppe den Präsidenten des Europäischen Parlaments in der ersten Hälfte der Legislaturperiode bestimmt und die EVP in der zweiten Hälfte«[106], heißt es laut *Tageszeitung* in dem kurzen Papier vom 24. Juni 2014, das die Unterschriften von Schulz und Weber trage.

Nun war es rund um die Abmachungen zwar zu einem Streit gekommen, doch im Grunde war die Faktenlage weiterhin: Den Posten des EU-Parlamentspräsidenten beanspruchte die konservative Europäische Volkspartei, eine weitere Kandidatur von Schulz galt nicht als chancenreich. Am 24. November 2016 kündigte Schulz daher seinen Wechsel in die Bundespolitik an. Er wollte nicht mehr für eine weitere Amtszeit als Präsident des Europäischen Parlaments kandidieren – nicht zuletzt sicher auch, weil eine solche Kandidatur kaum Chancen auf eine erfolgreiche Wahl hatte. Stattdessen wollte Martin Schulz nun auf Platz eins der Landesliste der SPD in Nordrhein-Westfalen bei der Bundestagswahl im Jahr 2017 antreten. Diese Entscheidung wurde natürlich einmal mehr über die Medien verbreitet. Die Entscheidung sei ihm nicht leicht gefallen, sagte Schulz. Das Amt des EU-Parlamentspräsidenten sei eine große Ehre und er habe in den vergangenen fünf Jahren viel erreichen können, berichtet etwa die *tagesschau*.[107] Er habe versucht, die Sichtbarkeit und Glaubwürdigkeit der europäischen Politik zu erhöhen. »Ich werde nun von der nationalen Ebene aus für das europäische Projekt kämpfen«, sagte Schulz an jenem Tag. Die europäische Einigung sei in seinen Augen »das größte Zivilisationsprojekt der vergangenen Jahrhunderte«. Die *tagesschau* ergänzte ihren Bericht mit der Aussage, die hier später noch einmal von Bedeutung sein wird: Hieß es doch, Schulz hätte eigentlich gerne EU-Parlamentspräsident bleiben wollen. Allerdings beanspruche die konservative Europäische Volkspartei den Posten ab dem kommenden Januar für sich, sodass Schulz nunmehr eben wenig Chancen habe. Zu dieser Einschätzung allerdings gibt es auch andere Erklärungsansätze.

Vorerst aber war es nun Zeit, Abschied von Europa, beziehungsweise von der Arbeit für Europa zu nehmen. Am 14. Dezember 2016 war es schließlich soweit – Martin Schulz hielt seine letzte Rede im EU-Parlament. Beobachter bewerteten diese Rede äußerst unterschiedlich. Manch ein Berichterstatter nannte die Worte von Martin Schulz emotional, andere kämpferisch. Der Berliner *Tagesspiegel* zählte zu jenen, die letzteren Begriff wählten. »Überall auf diesem Kontinent machen sich die Spalter und die Ultranationalisten wieder breit«, habe der SPD-Politiker die Zuhörer gewarnt. Denn diese Spalter würden eben »eine der größten zivilisatorischen Errungenschaften« bedrohen, die es auf dem Kontinent je gegeben habe. Schulz werde sich daher auch künftig mit aller Kraft »gegen diesen Hass stellen, egal von welcher Stelle aus«.[108]

Was einmal mehr ein Beispiel dafür ist, wie unterschiedlich ein und dieselbe Aussage aufgenommen werden kann: die *Zeit*, die genau dasselbe Zitat druckte, hielt die Aussage für einen emotionalen Abschied vom Parlament. Schulz habe sich mit einem »Plädoyer für ein geeintes Europa verabschiedet«.[109]

Das also war es dann für den Herrn Schulz als Mr. Europa. Doch auch wenn über seine weiteren Pläne nur seine Kandidatur für den Bundestag bekannt war, wurde schon zu jener Zeit kräftig spekuliert. Denn obwohl Schulz im Grunde noch gar nicht wieder in der deutschen Heimat angekommen war, hatte seine Beliebtheit hierzulande kaum zu erwartende Größenordnungen angenommen. »Die Zahlen sind erstaunlich: Merkel und Schulz sind gleich beliebt, 57 Prozent der Befragten mögen sie, und das, obwohl Schulz ja eigentlich noch gar nicht so bekannt sein kann im Wahlvolk«[110], zeigte sich etwa ein Autor der *Deutschen Welle* in einem Kommentar überrascht. Auch bei der Frage, wen die Befragten direkt zum Kanzler wählen würden, liege Merkel nur sieben Prozentpunkte vor Schulz, aber deutlich vor SPD-Chef Sigmar Gabriel. Damit allerdings werde Gabriel unter Wert geschlagen, die Umfragewerte seien ungerecht Sigmar Gabriel gegenüber. Schließlich habe er die SPD-Führung in schwierigen Zeiten übernommen und sei inzwischen so lange Parteichef wie vor ihm nur Willy Brandt. Außerdem habe Gabriel in dieser Position das erste Zugriffsrecht, wenn es um die Kanzlerkandidatur gehe. »Er ist, das vergisst man leicht, ein großer Wahlkämpfer, ob Martin Schulz das so kann, muss sich erst noch herausstellen«, hieß es bei der *Deutschen Welle* weiter.[111] Zudem habe Gabriel Frank-Walter Steinmeier als einzigen Kandidaten für die Bundespräsidentenwahl durchgesetzt und zwar gegen die Kanzlerin – das sei »ein echter Coup« gewesen.

Nach außen hin also sah im Dezember 2016 alles eigentlich noch so aus, als würden sich Martin Schulz und Sigmar Gabriel womöglich ein Duell um die Kandidatur als Kanzlerkandidat ih-

rer Partei liefern. Das führt dann auf der anderen Seite wieder zurück zu der Theorie, Schulz habe eigentlich EU-Präsident bleiben
wollen, habe sich von diesem Wunsch aber verabschieden müssen, da er kaum umsetzbar erschien.

Das alles erscheint aber nochmals in einem anderen Licht,
wenn man die Einblicke und Einsichten des umfangreichen
Artikels der Zeitschrift *stern* vom 1. Dezember 2016 zum Verhältnis zwischen Schulz und Gabriel einbezieht. Was aus Martin
Schulz werde und welchen Posten er in Berlin übernehmen werde, das hänge allein von Sigmar Gabriel ab. Genau dieser Umstand aber mache die Sache zusätzlich kompliziert. Denn die beiden Politiker seien miteinander befreundet. Schulz gelte als einer
der ganz wenigen innerhalb der SPD-Führung, dem Gabriel traue
und dessen Ratschläge er auch annehme.[112] Von Schulz lasse sich
Gabriel sogar sagen, er verhalte sich manchmal wie ein dickes
Kind, »das mit dem Hintern wieder einreiße, was es vorn aufge-
baut habe«. Wenige Wochen zuvor habe Gabriel dem Freund zudem folgende SMS geschickt: »Lass die Medien schreiben, was
sie wollen. Wir sind und bleiben Freunde. Die können uns alle
mal.«

Dann aber kam der Artikel zu jenem Punkt, der nicht zuletzt
Schulz' Abschied aus dem Europäischen Parlament in einem etwas anderen Licht zeigen sollte. Denn schon im Sommer des
Jahres 2016 hätten beide miteinander vereinbart, einer von ihnen müsse die Kanzlerkandidatur übernehmen. »Gabriel als Parteichef habe den ersten Zugriff. Bis heute weiß Schulz nicht, ob
Gabriel tatsächlich zugreifen will. Vielleicht weiß es Gabriel im
Moment selbst noch nicht«[113], so der *stern* weiter. Diese Unge-
wissheit zerre an den Nerven beider Genossen. Deshalb würden
sich Schulz und Gabriel manchmal benehmen wie halbstarke

Jungs – erst brüllen sie sich an, dann vertragen sie sich wieder. Martin Schulz habe sich zwischenzeitlich auch gefragt, ob er den Parteichef herausfordern solle. Vor allem seine Loyalität und Freundschaft zu Gabriel hielten ihn dann aber doch davon ab. »Eine Kanzlerkandidatur, die mit einem Putsch beginnt – über der liegt kein Segen«, habe Schulz zu einem Vertrauten gesagt.

Immer wieder hob Martin Schulz in diesen Tagen daher sein gutes und freundschaftliches Verhältnis zu Sigmar Gabriel hervor. Etwa bei einem Interview mit dem *Focus*: »Sigmar Gabriel und ich sind echte Freunde«, sagte er dort. Zu einer solchen Freundschaft gehöre Vertrauen, fügte er hinzu – und: »Zur Freundschaft gehören im Übrigen auch Spannungen.« An Gabriel schätze er besonders, dass der »ein sehr authentischer Mensch« sei.[114]

Auch die besagten guten Umfragewerte wurden in diesem Interview erneut angesprochen. Da aber in Sachen Kanzlerkandidatur noch nichts offiziell war, zeigte sich Schulz ganz als Politiker und Parteisoldat – er relativierte die Ergebnisse also. Solche Umfragen seien immer nur ein Teilaspekt: »Wir werden schauen, dass wir Programm, Personal und Strategie in Einklang bringen.«[115] Allerdings blieb wohl auch Schulz nicht gänzlich unbeeindruckt von den Zahlen, die seine Beliebtheit belegten. »Wenn die eigene Arbeit auf positive Resonanz stößt, ist man sicher nicht traurig und muss sich dafür auch nicht schämen«, zitierte ihn der *Focus* weiter. Dessen Redakteure wollten es dann aber doch noch einmal genauer wissen und fragten, ob die Entscheidung über die Kanzlerkandidatur intern vielleicht doch schon gefallen sei. Darauf antwortete Schulz extrem ausweichend: Eine Entscheidung sei in jedem Fall bereits getroffen – nämlich die, dass man 29. Januar 2017 ein Ergebnis haben werde. Denn an jenem Tag sollte der SPD-Parteivorstand den Kanzlerkandidaten für die Bundestagswahl am 24. September 2017 nominieren.

So ausweichend Schulz aber auf die Fragen zu seiner oder Gabriels Kandidatur antwortete, so eindeutig sagte er im Dezember 2016, welche Chancen er den Sozialdemokraten bei der kommenden Bundestagswahl einräumte: Die SPD müsse den Anspruch erheben, führende Partei im Land zu sein, sie habe außerdem die Chance, bei der Bundestagswahl stärkste Partei zu werden.

Trotz allem Herum-Redens aber schien es immer klarer, Schulz werde der Kanzlerkandidat der Sozialdemokraten. Eine Zeitlang jedenfalls. Dann allerdings schwenkte der Zeiger noch einmal in die entgegengesetzte Richtung. Als das Jahr 2016 sich nämlich wirklich dem Ende neigte, schien es, als sei die Wahl für den Kandidaten doch schon getroffen, nur eben anders als es sich noch kaum vierzehn Tage zuvor abzeichnete. Am 30. Dezember berichtete der *Deutschlandfunk*, offenbar sei eine Vorentscheidung gefallen. Man berief sich dabei wiederum auf einen Artikel des Nachrichtenmagazins *Spiegel*, laut dem der »Noch-Präsident des EU-Parlamentes, Martin Schulz« nun nicht mehr damit rechnete, für die SPD-Kanzlerkandidatur anzutreten. Dies habe er vor Weihnachten gegenüber Parteifreunden geäußert.[116]

In den Tagen zuvor seien in der SPD die Rufe nach einer Kanzlerkandidatur von Parteichef Gabriel wieder lauter geworden. »Nach den Länder-Regierungschefs von Berlin und Schleswig-Holstein, Michael Müller und Torsten Albig, sprach sich auch der im Seeheimer Kreis zusammengeschlossene rechte SPD-Flügel für Gabriel aus«,[117] so der *Deutschlandfunk*. Johannes Kahrs als Vorsitzender des Kreises habe erklärt, die SPD brauche für diese Kandidatur eine Kämpfernatur. Gabriel sei genauso eine Kämpfernatur, und der mache auch die Unterschiede zwischen SPD und Union klar. Der Bericht schloss jedoch mit Worten, die dann wiederum eine andere Sprache sprachen. Demnach lag die SPD laut einer aktuellen Forsa-Umfrage nur noch bei einer Zustimmungsquote beziehungsweise einem Stimmenanteil von 20 Prozent. Eine Umfrage habe zudem ergeben, Angela Merkel hätte bei der Kanzlerpräferenz an Zustimmung gewonnen, sie liege in der Beliebtheit weit vor Sigmar Gabriel.

Es war also eine gelinde gesagt etwas undurchsichtige Lage am Ende des Jahres 2016. Sie wird aber noch einmal etwas undurchsichtiger, wenn man zeitlich nur wenig zurückschaut. Noch im November stellte sich nämlich nicht die Frage, ob Schulz oder Gabriel als Kanzlerkandidat antreten, damals ging es vielmehr noch darum, ob Martin Schulz nicht eventuell Frank-Walter Steinmeier im Amt des Außenministers beerben sollte. Mehr noch: Im November schien zudem die Frage der Kanzlerkandidatur bereits geklärt gewesen zu sein.

So berichtete die häufig bestens informierte *Bild*-Zeitung am 16. November noch unter der Überschrift »Merkel und Gabriel treten 2017 an!« über »die zwei offensten Geheimnisse von Berlin«. Beide würden ihre Parteien als Spitzenkandidaten in den Bundestagswahlkampf führen, nur wollten weder Merkel noch Gabriel öffentlich zu dieser Entscheidung stehen.[118]

Am 19. November dann witterte die *Bild* bereits eine mögliche Intrige gegen Gabriel. Ein SPD-Mitglied habe über die *Frankfurter Allgemeine Zeitung* in Umlauf gebracht, Schulz erhebe Anspruch auf die Kanzlerkandidatur – gegen Sigmar Gabriel. Was die beiden Politiker jedoch mit Begriffen wie »Stuss« oder »Schwachsinn« kommentiert hätten.[119] Nichtsdestotrotz entwarfen die Redakteure des Boulevardblattes nun verschiedene Szenarien, was sich tatsächlich hinter all den Gerüchten verbergen könnte. So könne es sein, dass sich Vertreter des linken SPD-Flügels hinter Schulz gestellt hätten – weil Gabriel als sprunghaft gelte, und Schulz bei ihnen deutlich mehr Sympathie finde. Als zweite Variante wurde genannt, ein SPD-Kabinettsmitglied wolle selbst die Nachfolge des Außenministers Steinmeier antreten. All die Gerüchte sollten den nicht zum Kabinett gehörenden Martin Schulz als Außenminister unmöglich machen. Außerdem solle auf diese Weise ein Keil zwischen die freundschaftlich verbundenen Gabriel und Schulz getrieben werden[120].

Da war es also, das Gerücht vom möglichen Außenminister Schulz. Dabei klang es gar nicht so weit hergeholt. Vielmehr schildert der *stern* eine Situation, die genau dieses Szenario als real beschreibt. Demnach nämlich »stürmte« Martin Schulz am Morgen des 14. November in das Berliner Büro von Sigmar Gabriel. Er müsse ihn sofort zum Außenminister machen, habe Schulz gefordert.[121]

SPD-Chef Gabriel nämlich habe kurz zuvor einen Anruf von Angela Merkel erhalten. Die Kanzlerin habe ihm in dem Gespräch zugesagt, sie würde den noch amtierenden Außenminister Steinmeier bei der Kandidatur zum Bundespräsidenten unterstützen. Diese Zusage konnte durchaus als ein Sieg Gabriels gewertet werden – ein Sieg, von dem nun Martin Schulz auf seine Weise habe profitieren wollen. Der Plan: Gabriel solle seine Kanzlerkandidatur erklären und Schulz als Minister in das Auswärtige Amt schicken. Gabriel selbst aber soll auf das Vorhaben eher ungehalten reagiert haben, auch weil Schulz zuvor nicht müde geworden war, zu erklären, sein Platz sei in Brüssel.

Das Gespräch habe mit knallenden Türen geendet, am Tag darauf jedoch habe man sich zu einer Aussprache wiedergetroffen. Wenig später dann habe Sigmar Gabriel die Kanzlerin und CSU-Chef Horst Seehofer angerufen. Beide sollten Schulz in Brüssel unterstützen und ihm eine dritte Amtszeit als Parlamentspräsident ermöglichen, habe Gabriel gewünscht. Das sei jedoch auf Ablehnung gestoßen. Schulz habe davon erfahren und einen Tag später seinen Wechsel in die Bundespolitik verkündet.

Zusammenfassend gibt es also verschiedene Geschichten mit unterschiedlichem Wahrheitsgehalt dazu, wie es letztlich zu der Kanzlerkandidatur von Martin Schulz gekommen ist. Welche Variante der Wahrheit am nächsten kam, dürfte sich wohl erst in der Zukunft herausstellen. Was am Ergebnis der Vorgeschichte aber nichts ändert. Und dieses Ergebnis ist eben, dass Martin Schulz Kanzlerkandidat der SPD ist.

Von ganz oben in ein neues Hoch

Der 24. Januar 2017 war ein Dienstag. Es war jener Tag, der das politische Deutschland aus einem längeren Dämmerschlaf aufrütteln sollte. Denn an diesem Tag wurde öffentlich, wie die Zukunft des Martin Schulz und die des Sigmar Gabriel aussehen würde. Am 24. Januar erschienen erste Berichte über die tags drauf erscheinende Ausgabe des *stern* mit dem exklusiven Interview mit SPD-Chef Gabriel unter der Überschrift »Der Rücktritt«.

Erst am Montag hatten führende Sozialdemokraten von Gabriels Plänen erfahren. Doch anders als in früheren, ähnlich gelagerten Fällen sickerte keine dieser Informationen an die Medien durch. Man hielt sich an ein vereinbartes Schweigegelübde, das die Nominierung des Kanzlerkandidaten der Sozialdemokraten für den 29. Januar vorsah. Dieser Zeitplan sollte unbedingt eingehalten und der Eindruck eines geordneten Ablaufs aufrechterhalten werden. Es galt, das zu vermeiden, was vor der vorherigen Bundestagswahl geschehen war: Damals nämlich hatte sich Frank-Walter Steinmeier quasi selbst aus dem Kandidatenrennen genommen. Sigmar Gabriel wiederum musste daraufhin den Kanzlerkandidaten Peer Steinbrück binnen weniger Stunden inthronisieren.

Die Medien – immer auf der Suche nach einem prägnanten Begriff – nannten dieses Hoppla-hopp-Verfahren fortan eine »Sturzgeburt«, und unter dieser Bezeichnung ging die Nominierung im September 2012 auch in die Geschichte der SPD ein. So etwas aber wollte die Partei und vor allem Sigmar Gabriel nicht noch einmal erleben. Der stets beschworene Zeitplan sollte das Gegenmittel werden. Er wurde mehrfach beschlossen, bestätigt und verbal fortwährend bekräftigt, wie die *Welt* berichtete.[122] Doch es sei eben auch Gabriels Bedürfnis gewesen, seinen Abschied von der ganz großen Macht im *stern* in Szene zu setzen, was ihm selbst einen Strich durch die Rechnung beziehungsweise den Zeitplan gemacht habe. »Eigentlich hatte sein alter Verbündeter Thomas Oppermann, einer der letzten loyalen Begleiter, das Thema K-Frage in der Fraktionssitzung ausklammern wollen.«,[123] so die *Welt* weiter. Als aber die Nachricht kurz vor Sitzungsbeginn dann doch durchgesickert ist, seien alle Dämme gebrochen. Daraufhin sei verlangt worden, man müsse die neuen Informationen nun in der Sitzung besprechen. Denn man könne in einer solchen Lage ja wohl nicht über das Düngemittelgesetz reden. Schließlich habe Gabriel das Wort ergriffen und im Grunde bestätigt, was der *stern* in seiner Vorab-Meldung ankündigte: Aktuelle Umfragen würden zeigen, die Menschen wollten keine Große Koalition mehr. Für genau diese Große Koalition stehe er, Gabriel, aber in den Köpfen der Menschen. Und aus genau diesem Grunde sei Martin Schulz der geeignete Kanzlerkandidat.

Ob Sigmar Gabriel damit rechnete, dass die Genossen versuchen würden, ihn von seinem Plan abzubringen, ist unbekannt. Wenn es aber so gewesen ist, dann hatte er sich gehörig verschätzt: Seine Worte sollen nämlich mit lang anhaltendem Applaus quittiert worden sein – was Gabriel in der Zeit zuvor nicht mehr sehr oft erlebt hatte.

Vor allem aber geschah nun auch noch das, was Gabriel eigentlich hatte verhindern wollen: in den Medien verbreitete sich erneut schnell der Begriff »Sturzgeburt«. Mal nannte man Gabriels Rücktritt eine Sturzgeburt, mal war die Nominierung Schulz eine solche – man konnte in jenen Tagen den Eindruck haben, es ginge nicht mehr um die eigentliche Nachricht, sondern vor allem darum, einmal mehr den Begriff Sturzgeburt verwenden zu können. »SPD-Kanzlerkandidatur: Wieder eine Sturzgeburt« hieß es etwa auf *tagesschau.de*.[124] »Gabriels Rücktritt wieder eine Sturzgeburt«, schrieb die *Frankfurter Allgemeine Zeitung*,[125] und bei der *Zeit* hieß es »Ein Hang zu Sturzgeburten – die SPD und ihre K-Frage«.[126] Diese Reihe an ähnlich lautenden Titeln ließe sich unendlich fortführen.

Dabei ist allerdings nicht nur bemerkenswert, wie häufig der Begriff »Sturzgeburt« benutzt wird, erstaunlich ist am Ende vor allem, wie viel Aufmerksamkeit die Kür des Martin Schulz zum Kanzlerkandidaten allgemein erhielt. Denn nicht nur die klassischen Medien stürzten sich mit Vehemenz auf das Thema, auch in den neuen und damit vor allem den sozialen Medien wurde das Thema zu einem regelrechten Hype.

Bald war Martin Schulz nicht mehr nur der neue große Hoffnungsträger für die Sozialdemokraten, er wurde nun auch im Internet zu einem Star. Die Aufmerksamkeit, die er dort auf sich zog, konnte mit keinem anderen deutschen Politiker mehr verglichen werden; sie nahm vielmehr ein Ausmaß an, das an das Interesse für Barack Obama vor seiner Wahl zum US-Präsidenten erinnerte.

Und es war eine Aufmerksamkeit, die nicht von den Parteien selbst oder zwischengeschalteten Agenturen mit viel Aufwand und auch Geldmitteln gesteuert wurde – sie wurde vielmehr von nicht miteinander verbundenen Internetnutzern hervorgebracht. Die befassten sich mit dem Thema auf Plattformen wie dem Social-News-Aggregator Reddit oder dem Kurznachrichtendienst Twitter. Auf Reddit etwa entstand bald ein Unterforum mit dem Titel »the_schulz«, in dem die User sich über den Kandidaten austauschten. Wobei austauschen im Grunde falsch und viel zu zurückhaltend ausgedrückt ist – passender ist hier sicher der Begriff feiern, mit dem im Internet ausgesagt wird, man sei von etwas begeistert. Dazu gehörte auch, dass nicht nur sachlich über den Kandidaten oder dessen politische Pläne diskutiert wurde. Man feierte Schulz, wie es im Internet eben üblich ist. Dabei macht man sich auch mal in einem positiven Sinn über etwas oder jemanden lustig. Es ging also nicht um »den Schulz«, »den Martin« oder »unseren Kandidaten«, sondern um »the schulz«. Fast schon selbstverständlich ist auch die Nutzung von Memes – Bild- oder auch Videodateien mit oft witzigen Begriffen oder Textzeilen. Eines davon war ein Porträt von Martin Schulz im Stil Barack Obamas mit dem Slogan »MEGA – Make Europe Great Again«. Bald wurde vom »Gottkanzler« gesprochen, der Brücken baue. Dieser »Gottkanzler Schulz« hat inzwischen eine eigene Facebook-Seite und es gibt einen Martin-Schulz-YouTube-Kanal. Dieser Kanal wurde nach bisherigen Angaben allerdings nicht von den Sozialdemokarten oder Schulz selbst eingerichtet.[127]

Die Inhalte bewegen sich laut *Zeit* an der Grenze zur Satire. Doch in Zeiten des Internets ist im Grunde alles als positiv zu bewerten, was nicht in einem der gefürchteten »Shitstorms« mündet. Dieser Meinung scheint sogar Martin Schulz selbst zu sein.

Per Videobotschaft habe er sich bei den »lieben Reddit-Usern« bedankt. »Denn was die machten sei »ja eine richtige Welle« und eine »riesige Hilfe«. Laut *Zeit* nutzte der Kandidat den knapp zwei Minuten langen Clip dann auch gleich für eine kleine Wahlkampf-Rede, die inzwischen immerhin mehr als 30 000 Mal auf YouTube angeklickt wurde.

Und es ging immer weiter: Bald nämlich nahm der »Schulzzug« Fahrt auf. »Der Schulzzug fährt mit Höchstgeschwindigkeit ins Kanzleramt« ist etwa der Titel eines weiteren YouTube-Videos, das die Fahrt eines Zuges in der Rekordgeschwindigkeit von 570 Stundenkilometern zeigt. Natürlich wurde auch das im Internet dann noch einmal überhöht – etwa mit der Aussage, dieser Zug sei nicht nur extrem schnell, er fahre selbstredend ohne zu bremsen. Natürlich gab es auf Twitter schon bald den Hashtag #Schulzzug.

Passend dazu kam dann noch das »Schulzzuglied« der Schulzenbrothers. »Glück auf, der Schulzzug rollt«, wird darin zur Melodie des Steigerlieds, gesungen – das traditionelle Bergmanns- und Volkslied, das auf jedem SPD-Parteitag gespielt wird. Das Video endet mit besagtem Motiv von Schulz' Antlitz im Stil von Barack Obamas blau-roten Plakaten aus dem US-Wahlkampf 2008.

Nun hätte man meinen können, der Schulz-Hype im Internet würde so schnell wieder beendet sein, wie er aufgekommen war. Doch das ist mitnichten der Fall. Zur Erläuterung ist ein kurzer Exkurs nötig: Zu Beginn des Jahres war nicht nur der Kanzlerkandidat ein großes Thema, sondern ebenfalls der umstrittene neue US-Präsident Donald Trump. Der sorgte unter anderem mit der Ansage »America First«, Amerika stehe an erster Stelle, für Aufsehen, weil er alles andere und damit alle anderen Nationen im Grunde für zweitrangig erklärte. Das veranlasste die Redak-

tionen von Satiresendungen in diversen Ländern dazu, eine ganze Reihe von Kurzfilmen beziehungsweise Videos zu produzieren.
Diese Videos stellten jeweils auf satirische Weise eine Nation in
den Vordergrund, verbunden mit der Bitte, wenn es schon heiße
»America First«, dann solle das betreffende Land doch bitte »second« sein, also an zweiter Stelle in der Welt stehen. Das wohl erste dieser Videos stammt aus den Niederlanden, wenig später folgte
die deutsche Version des Neo Magazin Royale von Jan Böhmer-
mann – dieses Video wurde inzwischen fast zehn Millionen Mal
aufgerufen. Alle Filme haben gemeinsam, dass sich der Sprecher
darin Trumps Sprachstil bedient.

Was dann wieder zurück zu Martin Schulz und dem anhaltenden
Hype um den »Gottkanzler« führt: Am 2. März nämlich erschien
im Internet ein neues Video, das sich stilistisch an die »second«-
Videos anlehnt. Titel: »America first? Martin Schulz doesn't
care!«[128] Einmal mehr handelt es sich dabei letztlich um Satire, aber
um eine recht aufwändig gemachte. Der fünf Minuten lange Film
beginnt mit der Aussage, es handele sich um eine Nachricht der Sozialdemokratischen Partei Deutschlands. Wieder geht es auch um
den rasend schnellen Schulzzug, der ohne Bremsen auf dem Weg
ins Kanzleramt sei. Weiter geht es dann um Würselen – jene Kleinstadt, der Schulz von einem »Hellhole«, einem Höllenloch aus, zu
neuer Größe verholfen habe. Das Video endet schließlich mit der
Aussage, Martin Schulz werde der nächste deutsche Bundeskanzler. Trump könne daher ruhig bei seiner Aussage »America First«
bleiben – mit einem Kanzler Schulz an der Spitze der Republik
würde das letztlich niemanden mehr interessieren.

Nun könnte man meinen, wohlwollende Satire im Internet sei
die eine Sache, die Realität des deutschen Alltags eine andere.
Doch auch das ist wohl nicht so. Zu Beginn dieses Buches wurde

bereits erwähnt, dass die Beliebtheit von Schulz die Umfragewerte für die Sozialdemokraten nach der Verkündung seiner Kandidatur in die Höhe schnellen ließen. Dieser Trend war keine demografische Eintagsfliege. Denn am 26. Februar, gut einen Monat nach der Kür meldeten Medien unter Berufung auf den ARD-Deutschlandtrend, die SPD liege nun erstmals seit dem Jahr 2006 wieder vor der Union. Demnach kämen die Sozialdemokraten auf 32 Prozent, CDU und CSU gemeinsam dagegen nur auf 31 Prozent. Die Sozialdemokraten hätten damit im Vergleich zu Anfang Februar vier Prozentpunkte hinzugewonnen, CDU und CSU dagegen verloren laut diesen Werten drei Punkte. »Auch in einer vor wenigen Tagen durchgeführten Emnid-Umfrage lag die SPD mit 33 Prozent vor der Union (die bei Emnid auf 32 Prozent kam)«, berichtete die *Süddeutsche Zeitung*.[129] Der Schulz-Effekt beschere der SPD aber nicht nur ein Hoch in den Umfragen. Nach Jahren des Niedergangs gebe es außerdem einen kleinen Mitgliederboom. Seit Schulz als Kanzlerkandidat vorgeschlagen wurde, seien allein über das Internet 6564 Menschen in die Partei eingetreten.

Doch die *Süddeutsche* warnte auch, solche Umfragewerte seien mit Vorsicht zu genießen. Im Jahr 2012 gab es ebenfalls während der Wochen nach der Nominierung des Kandidaten Peer Steinbrück in den Umfragen ein Hoch für die SPD. Das allerdings habe sich bald darauf wieder verflüchtigt. Seinerzeit hätten die Union und damit Kanzlerin Merkel schnell wieder aufgeholt und am Ende dann die Wahl gewonnen.

Laut der *Süddeutschen* könnten die Umfragehochs auch der Tatsache zu verdanken sein, dass die neuen Kandidaten im Vergleich zu Merkel »noch frisch und unverbraucht wirken und deshalb zunächst eine Anziehung auf die Wähler ausüben.«[130] In diesem Zusammenhang muss aber noch ein weiterer Faktor erwähnt werden. Geht es in diesen Tagen um die Beliebtheit von Martin Schulz, dann geht es immer vornehmlich um den Westen Deutschlands. Die Einschätzung der politischen Lage beziehungsweise die Partei-Vorlieben in Ostdeutschland unterscheiden sich davon häufig recht deutlich.

Das schien ein Kommentar der Autorin Sabine Rennefanz zu unterstreichen, der am 19. Februar in der *Berliner Zeitung* erschien. Titel des Kommentars: »Warum Martin Schulz bei den Ostdeutschen kaum punkten kann«.[131] Darin geht es unter anderem darum, dass Schulz gerne mit seiner Herkunft aus der Kleinstadt Würselen kokettiere. Schulz behaupte, er kenne die Probleme der Menschen im Land, weil er eben aus Würselen komme und dort tief verwurzelt sei. Doch dieses Würselen liege eben im Westen Deutschlands bei Aachen, eine katholisch geprägte Region mit geringer Arbeitslosigkeit, einer guten Infrastruktur und mit mehreren Großunternehmen, die vor Ort aktiv sind. Wie die *Berliner Zeitung* schreibt, unterscheide sich Würselen aber deutlich von ländlichen Gegenden in Ostdeutschland, in denen etwa Jugendarbeitslosigkeit und Ärztemangel keine Seltenheit seien.[132]

Im Osten des Landes habe die SPD daher ein Problem. Wenn man die Wahl gewinnen wolle, müsse der Herr Schulz sich etwas einfallen lassen. »Mit den Ostdeutschen scheint der Kandidat bislang wenig mehr als die gängigen Klischees zu verbinden: abgehängt, unzufrieden und ein bisschen zu blöd für die Demokratie«[133], spitzt Rennefanz zu. Auch den Erfolg der AfD im Osten der Republik habe der SPD-Kandidat einmal damit zu erklären versucht, die Leute dort hätten sich aufhetzen lassen. Das jedoch habe geklungen, als ob die Gründe für den Frust nur eingebildet seien.

Auch *Spiegel Online* widmete sich am 26. Februar der Frage, wie der Kandidat denn im Osten Deutschlands ankommt. Auch hier zeigt sich wieder, dass inzwischen kaum mehr eine Veröffentlichung zum Thema Schulz ohne die Erwähnung von dessen Heimatstadt auskommt – lautete die Headline doch »Jenseits von Würselen«.[134] Eigentlicher Mittelpunkt des Geschehens allerdings war Leipzig, wo die SPD am Sonntagnachmittag zu einer ersten großen Veranstaltung mit dem Kanzlerkandidaten in den immer noch sogenannten neuen Ländern geladen hatten.

Die Besucher der Veranstaltung schienen nicht der Meinung von Autorin Rennefanz zu sein. Die Reaktion der rund 800 Gäste im Leipziger Kunstkraftwerk sprach eine komplett andere Sprache. Schulz sei dort bei seiner gut einstündigen Rede genauso gefeiert worden wie eine Woche zuvor während einer ähnlichen Veranstaltung im norddeutschen Lübeck. Und damit im Grunde dann auch so, wie eigentlich bei all seinen Auftritten in den vergangenen Wochen. Ohnehin glaubt der Kanzlerkandidat laut *Spiegel Online*, er würde auch in den neuen Ländern gut ankommen. Als Beleg verweise die SPD darauf, dass in den ostdeutschen Landesverbänden seit der Nominierung von Schulz im Verhältnis sogar mehr Menschen in die Partei eingetreten sind als im Westen. Was die Bürger in Ostdeutschland wirklich von Schulz halten, das wird sich endgültig wohl erst dann herausstellen, wenn nach der Bundestagswahl am 24. September 2017 tatsächlich alle Stimmzettel ausgezählt sind, und der neue Bundeskanzler feststeht – und wenn feststeht, ob es wirklich einen neuen Bundeskanzler gibt, oder doch weiter die langjährige Kanzlerin Angela Merkel.

Das führt wiederum zu jenem Tag, der im Grunde den Auftakt zu diesem Wahlkampf markierte, wenn auch nur inoffiziell: Der 1. März 2017, der sogenannte Politische Aschermittwoch. An diesem Tag versammeln sich die politischen Parteien bekanntlich zu ihren traditionellen Veranstaltungen, bei denen es regelmäßig zu einem eher deftigen rhetorischen Schlagabtausch kommt. In diesem Jahr gab es dabei nur ein Thema: Schulz. Zu denen, die bei diesem Anlass traditionell am stärksten austeilen, gehören die Politiker der CSU, namentlich ihr Chef Horst Seehofer. Und gerade der hatte vor dem Aschermittwoch wohl am stärksten umdenken müssen. Schließlich war es in den Monaten und Jahren zuvor vor allem die AfD, die den Konservativen Konkurrenz machte und deren Kandidaten die Wähler zunehmend erfolgreich ansprachen. Nun allerdings war mit der SPD des Martin Schulz ein neuer und in dieser Qualität beziehungsweise mit diesem Erfolg wohl unerwarteter Gegner auferstanden. Doch als Horst Seehofer sprach, ging er auf »den Kandidaten« nur kurz ein, wie etwa der *Tagesspiegel* beobachtete.[135] »Die Tatsache, dass Herr Schulz eine Zahl äußert, ist an und für sich kein Beweis, dass sie falsch ist«, sagte der CSU-Chef während seiner Rede. Wenn es der Mann aber mit der Wahrheit der Zahlen weiter nicht so genau nehme, etwa in Zusammenhang mit befristeten Arbeitsverhältnissen, werde man ihn bald »Martin, den Schummler« nennen. Ansonsten aber wolle man mit dem Kandidaten laut Seehofer fair umgehen. Das war sicher keine rhetorische Meisterleistung, womöglich hatte Seehofer aber zu dieser Zeit schon erfahren, was sich kaum zwanzig Kilometer entfernt nahezu zeitgleich zutrug. Dort nämlich hatte sich ein anderer Redner fast identisch geäußert – wenn auch von der anderen politischen Position aus: Man wolle mit Kanzlerin Merkel und der Union fair umgehen. Der Mann, der das sagte, ist Martin Schulz.

Letztlich aber waren es an jenem Aschermittwoch gar nicht die Worte, die Eindruck machten, sondern das Publikum, vor dem sie gesprochen wurden. Traditionell braucht die CSU in Bayern eigentlich keine Konkurrenz zu fürchten. Ihr Politischer Aschermittwoch ist daher in dem Bundesland die größte Veranstaltung dieser Art – das war sie zumindest bis 2017. Die CSU-Granden sprachen auch in diesem Jahr wieder in einem prall mit Menschen gefüllten Bierzelt. Nun gab es allerdings auch in Vilshofen eine Aschermittwoch-Versammlung – von der SPD veranstaltet, die in Bayern eigentlich wenig zu melden hat. Nur hieß der Hauptredner an jenem Abend eben Martin Schulz. Und der konnte nun vor 5000 Besuchern sprechen, und schaffte damit das eigentlich Unmögliche: dass die SPD in Bayern mehr Menschen in einem Festzelt zusammenbrachte als die CSU. Was das letztlich für die Bundestagswahl und einen möglichen Kanzler bedeutet, das wird sich allerdings erst im September des Jahres wirklich zeigen.

Schlusswort

Über Martin Schulz ist seit der Bekanntgabe seiner Kanzlerkandidatur viel geschrieben und noch weit mehr gesagt worden. Und fast alles, was gesagt oder geschrieben wurde, läuft auf die eine Frage hinaus: Kann dieser Mann Kanzler? Was dann jedoch gleich zu der eigentlichen Frage führt: Was macht einen Bundeskanzler oder eine Bundeskanzlerin eigentlich aus? Die Antwort darauf wiederum ist im Grunde simpel: Eine Person in diesem Amt muss das Land führen können, sie muss eine Politik machen, die gut für das Land und die Menschen ist, die in diesem Land leben. Damit verbunden ist aber nun noch eine weitere Frage, die immer wieder gestellt wurde: Braucht ein deutscher Bundeskanzler eigentlich das Abitur? Weil genau das ja bekanntlich bei Martin Schulz nicht der Fall ist. Das Abitur, der höchste Schulabschluss in Deutschland ist auch bekannt als Hochschulreife. Es berechtigt also zum Studium an Universitäten und anderen Hochschulen.

Allgemein gilt das Abitur als Synonym für den Bildungsstand eines Menschen, es unterstellt dem Abiturienten gleichsam eine gewisse Intelligenz. Ganz neutral formuliert aber ist das Abitur nichts anderes, als dass ein Mensch ein Gymnasium bis zu einem gewissen Zeitpunkt besucht, und danach Prüfungen abgelegt und bestanden hat. Auch Martin Schulz hat das Gymnasium faktisch bis zu dem genannten Zeitpunkt besucht, nur hat er dann eben nicht die geforderte Prüfung abgelegt. Faktisch also haben tatsächlich Millionen Deutsche dem möglichen Kanzler etwas voraus – zumindest was die formale Schulbildung betrifft. Also sollte man eventuell doch noch nach einer Person suchen, die zumindest schulisch dem Kandidaten noch etwas voraus hat, das der sicherlich in seinem Leben nicht mehr erreichen wird? All das lässt sich aber auch völlig anders werten: Die schulische Bildung ist am Ende nur ein Teil der Bildung eines Menschen. Der andere und womöglich größere Teil ist das, was man die Schule des Lebens nennt. Und diese Schule hat Martin Schulz zweifelsfrei intensiver besucht als zahllose andere Politiker, die mit ihrem Abiturzeugnis wedeln können. Schulz hat Fächer und Disziplinen gemeistert, die andere womöglich zum Verzweifeln oder Aufgeben gebracht hätten. Als junger Mann hat er einen großen beziehungsweise den großen Traum platzen sehen, womöglich Profifußballer zu werden. Das Platzen dieses Traums schien das Ende eines Weges zu sein, und das Ende all dessen darzustellen, was er sich für seine Zukunft vorgestellt hatte. Eine Situation, die Schulz tief traf und ihn fast zerbrechen ließ. So tief, dass er seine Rettung im Alkohol suchte, was ihn nur noch tiefer sinken ließ. Schulz war Alkoholiker, und er ist es damit bis heute. Kein Abitur also, dann auch noch Alkoholiker – für seine Kritiker macht das die Sache noch einmal schlimmer. Denn für diese Kritiker ist er einfach ausgedrückt eine ungebildete Schnapsnase, die sich erdreistet, für eines der höchsten Ämter dieses Landes zu kandidieren. Nur wird dabei schnell wieder vergessen, dass diese Phase im Leben des Martin Schulz inzwischen fast vierzig Jahre zurückliegt und er seitdem keinen Tropfen Alkohol mehr angerührt hat. Diesen Umstand aber lassen manche Kritiker nicht gelten. Schließlich sei so ein Spitzenamt ja eine sehr stressige Sache und gerade Stress gilt als Faktor für den Rückfall in den Alkoholismus. Außerdem gibt es tatsächlich einige Beispiel trinkender Spitzenpolitiker, auch wenn nicht jeder davon als Alkoholiker bezeichnet werden kann. Von CSU-Legende Franz Josef Strauß heißt es etwa, er habe mehr als einmal in die Mikrofone der Journalisten gelallt, und auch über die Trinkgewohnheiten des Altkanzlers Willy Brandt kursierten immer wieder Geschichten. Grünen-Politiker Joschka Fischer soll sogar regelrecht schockiert über die Trinkgewohnheiten deutscher Politiker gewesen sein, als er 1983 in das Parlament einzog. »Der Bundestag ist eine unglaubliche Alkoholikerversammlung, die teilweise ganz ordinär nach Schnaps stinkt«, wurde er zitiert.[136]

Das alles ist lange her, doch der tägliche Stress lässt Politiker auch heute noch als besonders alkoholgefährdete Gruppe gelten. Also eine Warnung für und vor dem Alkoholiker Schulz? Eher nicht: Denn der hat die große Politik inzwischen ja schon mehr als zwanzig Jahre abstinent erlebt – im Europäischen Parlament.

Letztlich ist es einfach so, dass weder das fehlende Abitur noch der Alkoholismus als Argument gegen Martin Schulz herhalten können. Wenn überhaupt etwas als Argument gegen ihn gelten konnte, dann war es in der Frühphase der Nominierung noch eine gewisse Themenlosigkeit, die Schulz vorgeworfen wurde. Denn zunächst stand auf seiner Agenda zumindest in der Öffentlichkeit wenig mehr als die Worte von mehr sozialer Gerechtigkeit, für die Schulz sich stark machte. Wie die allerdings genau zu gestalten sein würde, davon war zunächst wenig zu hören. Doch bald schon war zu hören, Martin Schulz wolle Teile der von Ex-Kanzler Schröder verabschiedeten Agenda 2010 ändern, er wolle sich außerdem um die Rente kümmern, die Innere Sicherheit wurde ebenfalls zu einem seiner Themen.

Doch auch die immer wieder einmal aufkommenden kritischen Stimmen konnten eines nicht ändern: dass Martin Schulz zurzeit einer der beliebtesten Politiker Deutschlands ist. In diesem Zusammenhang argumentierten Kritiker dann erneut, das liege vor allem daran, dass Schulz in Deutschland noch gar keine Politik gemacht habe, aus diesem Grund hätte er eben noch nichts unternehmen können, was die Wähler womöglich vor den Kopf stößt. Doch vielleicht ist der Grund für den Schulz-Boom am Ende ein ganz einfacher. Nämlich der, dass dieser Herr Schulz kein Abitur hat und Alkoholiker war, dass er trotz alledem etwas erreicht hat – dass er letztlich einfach ein Mensch war, der sich nicht größer machte als andere, ein Mensch, dem man gerade deswegen glaubt. Weil gerade seine Vergangenheit und sein Umgang damit ihn glaubwürdig machen. Und Glaubwürdigkeit ist eine Qualität, die vielen anderen Politikschaffenden nicht zugeschrieben wird – eine Eigenschaft, die sich weder mit Abiturzeugnis noch mit Universitätsabschluss erkaufen lässt.

Anmerkungen

1 https://www.youtube.com/watch?v=Ap7BGGu4mMg

2 http://www.faz.net/aktuell/politik/inland/martin-schulz-ist-in-forsa-umfrage-beliebter-als-sigmar-gabriel-14477474.html

3 http://www.rp-online.de/politik/deutschland/wahltrend-martin-schulz-laut-forsa-gleichauf-mit-angela-merkel-aid-1.6592184

4 http://www.spiegel.de/politik/deutschland/martin-schulz-verhalf-markus-engels-zu-dauerdienstreise-a-1135053.html

5 https://www.youtube.com/watch?v=fwz1-ze2eZs

6 https://www.youtube.com/watch?v=fwz1-ze2eZs

7 http://www.spiegel.de/kultur/tv/martin-schulz-bei-anne-will-alles-astrein-menschlich-a-1132260.html

8 http://www.huffingtonpost.de/2017/01/29/anne-will-schulz_n_14486726.html

9 http://www.huffingtonpost.de/2017/01/29/anne-will-schulz_n_14486726.html

10 http://www.zeit.de/politik/deutschland/2017-01/martin-schulz-anne-will-spd-kanzlerkandidat

11 https://www.merkur.de/politik/interview-mit-schwester-von-martin-schulz-ueber-gemeinsame-kindheit-und-jugend-und-seinen-politischen-aufstieg-7366631.html

12 Margaretha Kopeinig: Martin Schulz: vom Buchhändler zum Mann für Europa – Die Biografie, Verlag Czernin, Oktober 2016

13 Margaretha Kopeinig: Martin Schulz: vom Buchhändler zum Mann für Europa – Die Biografie, Verlag Czernin, Oktober 2016

14 https://www.merkur.de/politik/interview-mit-schwester-von-martin-schulz-ueber-gemeinsame-kindheit-und-jugend-und-seinen-politischen-aufstieg-7366631.html

15 https://www.merkur.de/politik/interview-mit-schwester-von-martin-schulz-ueber-gemeinsame-kindheit-und-jugend-und-seinen-politischen-aufstieg-7366631.html

16 Margaretha Kopeinig: Martin Schulz: vom Buchhändler zum Mann für Europa – Die Biografie, Verlag Czernin, Oktober 2016

17 https://www.merkur.de/politik/interview-mit-schwester-von-martin-schulz-ueber-gemeinsame-kindheit-und-jugend-und-seinen-politischen-aufstieg-7366631.html

18 https://www.merkur.de/politik/interview-mit-schwester-von-martin-schulz-ueber-gemeinsame-kindheit-und-jugend-und-seinen-politischen-aufstieg-7366631.html

19 http://www.taz.de/!5374798/

20 http://www.rp-online.de/politik/deutschland/martin-schulz-der-weltpolitiker-aus-wuerselen-aid-1.6393141

21 http://www.rp-online.de/politik/deutschland/martin-schulz-der-weltpolitiker-aus-wuerselen-aid-1.6393141

22 http://www.rhenania-wuerselen.de/der-verein/prominente-rhenanen/

23 Margaretha Kopeinig: Martin Schulz: vom Buchhändler zum Mann für Europa – Die Biografie, Verlag Czernin, Oktober 2016

24 http://www.taz.de/!5374798/

25 https://www.welt.de/politik/deutschland/article158775848/Vom-Sausack-in-der-Schule-zum-Kanzlerkandidaten.html

26 http://www.taz.de/!5374798/

27 Margaretha Kopeinig: Martin Schulz: vom Buchhändler zum Mann für Europa – Die Biografie, Verlag Czernin, Oktober 2016

28 http://www.bz-berlin.de/deutschland/martin-schulz-ich-wollte-eigentlich-fussball-profi-werden

29 Margaretha Kopeinig: Martin Schulz: vom Buchhändler zum Mann für Europa – Die Biografie, Verlag Czernin, Oktober 2016

30 http://www.taz.de/!5374798/

31 Margaretha Kopeinig: Martin Schulz: vom Buchhändler zum Mann für Europa – Die Biografie, Verlag Czernin, Oktober 2016

32 http://www.spiegel.de/spiegel/print/d-91464848.html

33 http://www.spiegel.de/spiegel/print/d-91464848.html

34 http://www.deutschlandradiokultur.de/spd-kanzlerkandidat-wie-war-martin-schulz-als-buchhaendler.1270.de.html?dram:article_id=377243

35 http://www.suhrkamp.de/buecher/politik_und_verbrechen-hans_magnus_enzensberger_36942.html

36 Margaretha Kopeinig: Martin Schulz: vom Buchhändler zum Mann für Europa – Die Biografie, Verlag Czernin, Oktober 2016

37 http://www.wuerselen.de/wuerselen/cms/freizeit/ehrungen/sonstiges/ehrenbuerger_martin-schulz.htmlbb

38 Margaretha Kopeinig: Martin Schulz: vom Buchhändler zum Mann für Europa – Die Biografie, Verlag Czernin, Oktober 2016

39 http://www.t-online.de/nachrichten/deutschland/parteien/id_80194832/familie-von-martin-schulz-wer-ist-die-frau-an-seiner-seite-.html

40 http://www.rp-online.de/politik/deutschland/martin-schulz-der-weltpolitiker-aus-wuerselen-aid-1.6393141

41 https://www.youtube.com/watch?v=Qs_AsOsWC3o (YouTube-Kanal des Kulturarchivs Würselen)

42 https://www.youtube.com/watch?v=Qs_AsOsWC3o (YouTube-Kanal des Kulturarchivs Würselen)

43 Margaretha Kopeinig: Martin Schulz: vom Buchhändler zum Mann für Europa – Die Biografie, Verlag Czernin, Oktober 2016

44 Margaretha Kopeinig: Martin Schulz: vom Buchhändler zum Mann für Europa – Die Biografie, Verlag Czernin, Oktober 2016

45 http://www.tagesspiegel.de/politik/spd-kanzlerkandidat-martin-schulz-und-wuerselen-ein-mann-ein-ort/19347762.html

46 die tageszeitung, 27.1.2017; http://www.taz.de/!5374798/

47 http://www.spiegel.de/video/wuerselen-hier-war-martin-schulz-buergermeister-video-1738060.html

48 http://www.rp-online.de/politik/deutschland/martin-schulz-der-weltpolitiker-aus-wuerselen-aid-1.6393141

49 http://www.rp-online.de/politik/deutschland/martin-schulz-der-weltpolitiker-aus-wuerselen-aid-1.6393141

50 http://www.wiwo.de/downloads/19373518/5/ratsprotokolleschulz_auszug.pdf

51 http://www.wiwo.de/downloads/19373518/5/ratsprotokolleschulz_auszug.pdf

52 https://www.heise.de/tp/features/Schulz-Denkmal-in-Wuerselen-3623204.html

53 http://www.aachener-zeitung.de/lokales/nordkreis/wuerselen-pumpt-weiter-geld-ins-aquana-1.664914

54 http://www.wahlrecht.de/kommunal/nrw/nordrhein-westfalen-1999.html

55 http://www.nordbayern.de/politik/martin-schulz-und-sein-team-spurensuche-in-wurselen-1.5808108

56 http://webarchiv.bundestag.de/archive/2010/0427/bundestag/abgeordnete/bio/G/grossac0.html

57 http://www.taz.de/!5374798/

58 http://www.zeit.de/1990/47/wir-fuehlten-uns-einfach-verlassen/komplettansicht

59 http://www.berliner-zeitung.de/dieter-schinzel--spd-politiker-auf-abwegen-17273926

60 http://www.berliner-zeitung.de/dieter-schinzel--spd-politiker-auf-abwegen-17273926

61 Margaretha Kopeinig: Martin Schulz: vom Buchhändler zum Mann für Europa – Die Biografie, Verlag Czernin, Oktober 2016

62 http://alt.wahlergebnisse.nrw.de/kommunalwahlen/ab1946/index.html

63 http://www.tagesspiegel.de/politik/spd-kanzlerkandidat-martin-schulz-und-wuerselen-ein-mann-ein-ort/19347762.html

64 http://www.tagesspiegel.de/politik/spd-kanzlerkandidat-martin-schulz-und-wuerselen-ein-mann-ein-ort/19347762.html

65 https://martinschulz.spd.de/footer/footer-navigation/ueber-mich/

66 https://martinschulz.spd.de/footer/footer-navigation/ueber-mich/

67 Margaretha Kopeinig: Martin Schulz: vom Buchhändler zum Mann für Europa – Die Biografie, Verlag Czernin, Oktober 2016

68   http://www.tagesspiegel.de/politik/spd-kanzlerkandidat-martin-schulz-und-
     wuerselen-ein-mann-ein-ort/19347762.html

69   http://www.tagesspiegel.de/politik/spd-kanzlerkandidat-martin-schulz-und-
     wuerselen-ein-mann-ein-ort/19347762.html

70   http://www.taz.de/!5374798/

71   http://www.taz.de/!5374798/

72   http://www.europarl.europa.eu/news/de/news-room/20120113STO35289/
     portrait-des-neuen-eu-parlamentspr%C3%A4sidenten-wer-ist-martin-schulz

73   https://www.youtube.com/watch?v=Z8EErJjWQy0

74   https://www.youtube.com/watch?v=Z8EErJjWQy0
     http://www.sueddeutsche.de/politik/dokumentation-des-konflikts-schulz-
     berlusconi-schroeder-und-das-europa-parlament-1.651304

75   https://www.youtube.com/watch?v=Z8EErJjWQy0

76   https://www.youtube.com/watch?v=Z8EErJjWQy0

77   https://www.youtube.com/watch?v=Z8EErJjWQy0

78   https://www.youtube.com/watch?v=Z8EErJjWQy0

79   https://www.youtube.com/watch?v=21rYzOCCIVM

80   http://www.spiegel.de/politik/ausland/berlusconis-eklat-im-europaparlament-
     ich-schlage-sie-fuer-die-rolle-des-lagerfuehrers-vor-a-255508.html

81   https://www.welt.de/print-welt/article244012/Der-Mann-der-Berlusconi-aus-der-
     Fassung-brachte-Martin-Schulz.html

82   https://www.welt.de/print-welt/article244012/Der-Mann-der-Berlusconi-aus-der-
     Fassung-brachte-Martin-Schulz.html

83   Margaretha Kopeinig: Martin Schulz: vom Buchhändler zum Mann für
     Europa – Die Biografie, Verlag Czernin, Oktober 2016

84   Margaretha Kopeinig: Martin Schulz: vom Buchhändler zum Mann für
     Europa – Die Biografie, Verlag Czernin, Oktober 2016

85   http://presseservice.pressrelations.de/standard/result_main.cfm?aktion=jour_
     pm&r=413403

86   http://presseservice.pressrelations.de/standard/result_main.cfm?aktion=jour_
     pm&r=413403

87   http://www.kaliningrad.aktuell.ru/kaliningrad/stadtnews/kaliningrad_schroeder_
     fuer_usa_europa_russland_troika_322.html

88   http://www.kaliningrad.aktuell.ru/kaliningrad/stadtnews/kaliningrad_schroeder_
     fuer_usa_europa_russland_troika_322.html

89   http://www.gq-magazin.de/unterhaltung/stars/gq-maenner-des-jahres-2012-
     martin-schulz-wird-gq-mann-des-jahres-in-der-kategorie-politik

90   http://www.gq-magazin.de/unterhaltung/stars/gq-maenner-des-jahres-2012-
     martin-schulz-wird-gq-mann-des-jahres-in-der-kategorie-politik

91   http://www.euractiv.de/section/prioritaten-der-eu-fur-2020/news/
     spe-uneins-uber-namensanderung-barroso-de/

92   http://www.sueddeutsche.de/politik/nazi-eklat-im-eu-parlament-ein-volk-ein-reich-ein-fuehrer-1.1027830

93   http://www.spiegel.de/politik/ausland/eklat-im-europaparlament-brite-attackiert-spd-abgeordneten-mit-nazi-parole-a-730906.html

94   http://www.faz.net/aktuell/politik/europaeische-union/europaeisches-parlament-martin-schulz-will-praesident-werden-1656958.html

95   http://www.euractiv.de/section/wahlen-und-macht/news/martin-schulz-neuer-prasident-des-eu-parlaments/

96   http://www.euractiv.de/section/wahlen-und-macht/news/martin-schulz-neuer-prasident-des-eu-parlaments/

97   http://www.spiegel.de/politik/ausland/friedensnobelpreis-geht-an-eu-a-860905.html

98   http://www.bild.de/politik/ausland/martin-schulz/martin-schulz-sein-bruder-rettete-ihn-aus-der-alkohol-hoelle-27612952.bild.html

99   http://www.huffingtonpost.de/2017/01/24/schulz-fakten-kanzler_n_14362582.html

100   https://web.archive.org/web/20140301224446/http://www.europarl.europa.eu/the-president/en-de/press/press_release_speeches/speeches/sp-2014/sp-2014-february/html/speech-to-the-knesset-12-february-2014-by-martin-schulz-president-of-the-european-parliament

101   http://flatworld.welt.de/2014/02/12/martin-schulz-loest-den-nahostkonflikt/

102   http://www.spiegel.de/politik/ausland/martin-schulz-und-der-streit-ums-wasser-zwischen-israel-und-palaestina-a-953203.html

103   https://www.youtube.com/watch?v=kO4-RYvb9Uw

104   https://www.youtube.com/watch?v=kO4-RYvb9Uw

105   https://www.taz.de/!5372622/

106   https://www.taz.de/!5372622/

107   http://www.tagesschau.de/inland/schulz-193.html

108   http://www.tagesspiegel.de/politik/abschiedsrede-von-martin-schulz-im-europaparlament-mit-aller-kraft-gegen-den-hass/14979512.html

109   http://www.zeit.de/news/2017-01/17/eu-denkwuerdige-momente-von-martin-schulz-im-europaparlament-17171407

110   http://www.dw.com/de/kommentar-der-beliebte-herr-schulz/a-36702419

111   http://www.dw.com/de/kommentar-der-beliebte-herr-schulz/a-36702419

112   http://www.stern.de/politik/deutschland/martin-schulz--und-was-wird-aus-mir--7228924.html

113   http://www.stern.de/politik/deutschland/martin-schulz--und-was-wird-aus-mir--7228924.html

114   http://www.focus.de/politik/deutschland/scheidender-eu-parlamentspraesident-scheidender-eu-parlamentspraesident-schulz-verraet-was-er-an-gabriel-besonders-schaetzt_id_6372046.html

115   http://www.focus.de/politik/deutschland/scheidender-eu-parlamentspraesident-scheidender-eu-parlamentspraesident-schulz-verraet-was-er-an-gabriel-besonders-schaetzt_id_6372046.html

116   http://www.deutschlandfunk.de/spd-kanzlerkandidat-die-zeichen-stehen-wieder-auf-gabriel.1783.de.html?dram:article_id=375194

117   http://www.deutschlandfunk.de/spd-kanzlerkandidat-die-zeichen-stehen-wieder-auf-gabriel.1783.de.html?dram:article_id=375194

118   http://www.bild.de/bild-plus/politik/inland/bundestagswahl/merkel-und-gabriel-treten-2017-an-48792690,var=a,view=conversionToLogin.bild.html

119   http://www.bild.de/politik/inland/sigmar-gabriel/wer-hat-da-die-haende-im-spiel-bei-der-spd-48828770.bild.html

120   http://www.bild.de/politik/inland/sigmar-gabriel/wer-hat-da-die-haende-im-spiel-bei-der-spd-48828770.bild.html

121   http://www.stern.de/politik/deutschland/martin-schulz--und-was-wird-aus-mir--7228924.html

122   https://www.welt.de/politik/deutschland/article161478368/Kurz-vor-der-Fraktionssitzung-brechen-dann-alle-Daemme.html

123   https://www.welt.de/politik/deutschland/article161478368/Kurz-vor-der-Fraktionssitzung-brechen-dann-alle-Daemme.html

124   http://www.tagesschau.de/inland/gabriel-595.html

125   http://www.faz.net/aktuell/politik/inland/sigmar-gabriels-ruecktritt-ist-eine-erneute-sturzgeburt-14746125.html

126   http://www.zeit.de/news/2017-01/29/parteien-ein-hang-zu-sturzgeburten---die-spdund-ihre-k-frage-29125207

127   http://www.zeit.de/news/2017-02/01/parteien-mega-schulz-hype-im-netz-ohne-bremsen-ins-kanzleramt-01141203

128   https://www.youtube.com/watch?v=2Gh2exzwVAc

129   http://www.sueddeutsche.de/politik/kanzlerkandidatur-ein-monat-schulz-spd-erstmals-seit-in-umfragen-vor-der-union-1.3393560

130   http://www.sueddeutsche.de/politik/kanzlerkandidatur-ein-monat-schulz-spd-erstmals-seit-in-umfragen-vor-der-union-1.3393560

131   http://www.berliner-zeitung.de/politik/meinung/kommentar-warum-martin-schulz-bei-den-ostdeutschen-kaum-punkten-kann-25759082

132   http://www.berliner-zeitung.de/politik/meinung/kommentar-warum-martin-schulz-bei-den-ostdeutschen-kaum-punkten-kann-25759082

133   http://www.berliner-zeitung.de/politik/meinung/kommentar-warum-martin-schulz-bei-den-ostdeutschen-kaum-punkten-kann-25759082

134   http://www.spiegel.de/politik/deutschland/martin-schulz-in-leipzig-jenseits-von-wuerselen-a-1136386.html

135   http://www.tagesspiegel.de/themen/reportage/politischer-aschermittwoch-seehofer-und-schulz-duellieren-sich-am-biertisch/19460118.html

136   http://www.sueddeutsche.de/karriere/alkoholismus-unter-politikern-unter-druck-und-an-der-flasche-1.1120397